交融之美

昭君出塞和亲之路沿线精品文物专题展

呼和浩特博物院
昭君博物院　编
武高明　主编

文物出版社

图书在版编目（CIP）数据

交融之美：昭君出塞和亲之路沿线精品文物专题展 /
呼和浩特博物院，昭君博物院编；武高明主编 . -- 北京：
文物出版社，2025. 5. -- ISBN 978-7-5010-8769-3

Ⅰ . K870.2

中国国家版本馆 CIP 数据核字第 20257RC557 号

交融之美——昭君出塞和亲之路沿线精品文物专题展

编　　者	呼和浩特博物院　昭君博物院
主　　编	武高明
责任编辑	李　睿
责任印制	张　丽
出版发行	文物出版社
地　　址	北京市东城区东直门内北小街 2 号楼
邮　　编	100007
网　　址	http://www.wenwu.com
邮　　箱	wenwu1957@126.com
书籍设计	塞上博古文化艺术策划设计工作室
印　　刷	北京启航东方印刷有限公司
经　　销	新华书店
开　　本	635mm×965mm　1/8
印　　张	27
版　　次	2025 年 5 月第 1 版
印　　次	2025 年 5 月第 1 次印刷
书　　号	ISBN 978-7-5010-8769-3
定　　价	680.00 元

《交融之美——昭君出塞和亲之路沿线精品文物专题展》

编辑委员会：

主　　任：刘艳春　金磊

副 主 任：于宏建　张亚强　王菁　武高明

编　　委：云珉　李举纲　段晓莉　岳够明　伏海翔　周杉杉

　　　　　乔浩楠　申琳　宋雅洁　谭梅　石艳艳　苏晓蓉

　　　　　邹红霞　刘道霖　李利芳　张静　于丹

主　　编：武高明

执行主编：白云峰

副 主 编：董萨日娜　刘利平　包苏那嘎

撰　　稿：白云峰　包苏那嘎　杜庆思　武彬

摄　　影：孔群

设　　计：孔群

展览策划实施

指导单位：

内蒙古自治区文物局　呼和浩特市文化旅游广电局（文物局）

主办单位：

呼和浩特博物院　昭君博物院

协办单位：

宜昌博物馆　兴山县民俗博物馆　随州市博物馆　西安博物院

汉景帝阳陵博物院　神木市博物馆　洛阳博物馆　许昌市博物馆

大同市博物馆　朔州市博物馆　包头博物馆　乌海博物馆

内蒙古河套文化博物院　内蒙古自治区文物考古研究院

展览主创团队：

总策展人：武高明

策展人：包苏那嘎

学术顾问：李大龙　崔明德　陈永志　王绍东

展览统筹：白云峰　张静

展览执行：卜英姿　刘道霖　李燕　孙致远　刘利平　王立德

　　　　　田峰　邹红霞　苏晓蓉　吴中华　胡玉花　唐凛然

　　　　　李倩　石艳艳　寇琪　乔浩楠　王毅　张琳

　　　　　申琳　斯钦布和　张敏超　赵乐娜　杜庆思　何丽娟

　　　　　赵德炜　武彬　王少洋

宣传教育：赵芳　陈萌萌　赵明明　张榕丹　龙薪伟　马丹蕾

　　　　　李越

展览设计：杭州梦树文化艺术策划有限公司

朔漠風沙豈憚寒勝楚
人生正有許多懽樂離
別怨何妨去鳳來

聖玉程派題

序 言

　　2019年9月27日，习近平总书记在全国民族团结进步表彰大会上发表重要讲话指出，我们伟大的精神是各民族共同培育的。在历史长河中，农耕文明的勤劳质朴、崇礼亲仁，草原文明的热烈奔放、勇猛刚健，海洋文明的海纳百川、敢拼会赢，源源不断注入中华民族的特质和禀赋，共同熔铸了以爱国主义为核心的伟大民族精神。昭君出塞、文成公主进藏、凉州会盟、瓦氏夫人抗倭、土尔扈特万里东归、锡伯族万里戍边等就是这样的历史佳话。习近平总书记在以爱国主义为核心的伟大民族精神的大背景下，指出昭君出塞为历史佳话，为我们在新时代弘扬中华优秀传统文化，讲好昭君出塞所展示的民族交融的故事，指明了方向。

　　2023年以来，呼和浩特市委、市政府从全面提升首府文化能级，打造文化品牌的高度出发，立足历史文化名城，深入挖掘呼和浩特历史内涵，整合全市文博资源，组建呼和浩特博物院，进行了文博场所资源的提档升级，呼和浩特市文博事业取得了长足的发展。

　　昭君博物院作为呼和浩特市一处重要的文化地标和昭君墓文物古迹所在地，多年来，一直注重文化建设，不断提高文物保护和对外旅游开放水平，在爱国主义、民族团结进步教育方面作出了重要贡献。近年来，呼和浩特博物院分馆——昭君博物院致力于昭君出塞和亲之路沿线各省区相关城市的昭君文化研究、交流、传承工作，不断密切同相关城市文旅、文物部门和博物馆联系，在"铸牢中华民族共同体意识"主线指导下，大力阐释昭君出塞、民族友好的当代精神价值，充分发挥了"一座博物馆就是一所大学校"的社会功能。

　　2024年，呼和浩特市成功举办了第十届中国博物馆及相关产品与技术博览会，呼和浩特博物院荣膺国家一级博物馆。在博博会期间，呼和浩特博物院联合5省区14家博物馆在昭君博物院举办了"交融之美——昭君出塞和亲之路沿线精品文物专题展"，首次展出参展各博物馆先秦、秦汉时期的相关精品文物，体现了昭君出塞主题下的长江文化、黄河文化、草原文化的不同特质和交融共美。展览为新时期促进各地区民族交往、交流、交融和建设中华民族共有精神家园提供了历史启迪。

　　在《交融之美——昭君出塞和亲之路沿线精品文物专题展》展览图录出版之际，祝愿呼和浩特市文博事业与时俱进，再接再厉，百尺竿头，更进一步，取得更大的成绩。

内蒙古自治区文化和旅游厅党组成员、文物局局长　曹建恩

目　录

学术论文

"交融之美——昭君出塞和亲之路沿线精品文物专题展"策展实践与思考

包苏那嘎(昭君博物院)

一、展览缘起与选题

中原王朝经略北部北疆历史悠久，如战国赵武灵王胡服骑射，筑长城、置郡县；秦朝修建直道；汉朝设置朔方、云中等郡县，北方匈奴等族群入塞内附。秦汉时期，除设官置吏等制度外，还采取和亲政策羁縻匈奴等周边族群。"和亲"是将中原皇族公主或宗女嫁予对方，以改善双方关系的一种政治结盟方式。西汉时期，汉朝与匈奴和亲次数最多，汉元帝竟宁元年（公元前33年），将后宫良家子王嫱（字昭君），赐嫁匈奴呼韩邪单于。昭君出塞，为汉朝与匈奴带来了长期的和平与兴旺。1954年、1981年在内蒙古包头等地的汉代墓葬中发现了"单于和亲""单于天降""四夷尽服"等文字瓦当，这里是西汉时期五原郡郡治所在地。在汉朝与匈奴和亲史上，与五原郡地望紧密相关。"单于和亲"瓦当就是这段历史的实物见证。

秦汉时期，以长城为分界线，呈现农耕、游牧社会持续不断交往交流交融的盛世景象。昭君出塞不但带去了中原先进的生产技术，传播了中原文化，极大地促进了匈奴社会经济的发展，而且传播了中原儒家思想，匈奴逐渐步入中原王朝大一统体系。随着匈奴考古发掘发现，西汉中后期的蒙古国诺音乌拉匈奴墓、高勒毛都匈奴墓以及伊沃尔加城址中出土的铁质农具、漆器、青铜器以及车马饰与中原同类器物形制极其相似，尤其是金日月、玉剑璏、漆器、鎏金银龙、汉式青铜器等多族群文化交融的文物，对认识农耕文化、荆楚文化和草原文化交流交融，具有很重要的意义。在大一统政治背景下，荆楚文化、游牧文化与农耕文化持续互动，呼韩邪单于附汉、昭君出塞后，中原地区与北部边疆地区的经济、文化交流成为常态。这一时期，各地文化共塑中原文化、中原文化影响各地文化，铸成了中华文化的坚实根基和深厚底蕴。

中华优秀传统文化是中华民族的精神命脉，也是建设中华民族现代文明的源泉。在漫长的历史进程中，"昭君出塞"佳话植根于中华优秀传统文化，并以此为基础形成了多元包容的昭君文化。昭君文化传承着中华民族悠久的历史文化与思想观念，承载着各民族交流交往交融的珍贵历史记忆。以"和平、和睦、和谐"为核心的昭君文化是中华优秀传统文化的重要构成部分，是维系中华民族的"文化血脉"。1963年10月15日，中华人民共和国副主席董必武视察王昭君墓，并挥毫题诗《谒昭君墓》："昭君自有千秋在，胡汉和亲识见高。词客各抒胸臆懑，舞文弄墨总徒劳。"诗文概括了西汉年间昭君出塞故事，从历史的高度，赞颂了昭君出塞为民族友好作出的历史贡献。著名历史学家翦伯赞先生说："王昭君已经不是一个人物，而是一个象征，一个民族友好的象征；昭君墓也不是一个坟墓，而是一座民族友好的历史纪念塔。"

纪念昭君出塞的活动起初仅在北疆一隅发生，后传至全国各地，成为各民族共同的文化符号。昭君出塞所蕴含的家国情怀，就是伟大爱国主义精神的真实写照，讲好"昭君出塞"佳话，对牢固树立休戚与共、荣辱与共、生死与共、命运与共的共同体理念，为建设中华民族共有精神家园提供历史借鉴和智慧启迪。

翦伯赞先生认为，"昭君出塞是标志着汉朝与匈奴之间友好关系的恢复，而王昭君在友好关系的恢复中起了巨大的作用。"西汉时期，开启了中国统一的多民族国家发展的新阶段，其政治共同性、经济共同性、社会共同性、文化共同性显著增长，也为中华各民族在新的历史条件下交往交流交融提供了更为广阔的历史舞台和更为有力的制度保障。昭君出塞这一历史事件在长期的文化传承与发展中，逐渐衍生、积淀形成了内涵丰富、独具特色的昭君文化，其形成是由荆楚文化、农耕文化和游牧文化互融共促的结果。而这一点恰与以"和平、和睦、和谐"为核心的中华民族长期追求的理念以及中华文明突出的和平性与包容性等理念相契合。鉴于昭君文化对继承与发扬中华优秀传统文化、传承伟大的民族精神、促进民族交往交流交融、丰富北疆文化内涵的重大意义。昭君博物院联手"昭君出塞和亲之路"沿线湖北、河南、陕西、山西、内蒙古五省（区）文博机构举办"昭君出塞"主题展览。如何打造北疆历史上的文化"高地"，如何更好地解读昭君文化，挖掘其背后所蕴含的中华文明的突出特性、文化精神和文化自信，系统展示昭君文化在传承中华优秀传统文化中的深远影响，是此次展览的主要目的。

基于以上认识，展览主创团队将展览定名为"交融之美——昭君出塞和亲之路沿线精品文物专题展"。"交融之美"是传统与现代的和谐共融，既体现了对中华优秀传统文化的尊重与传承，又展现了新时代创新发展。"交融之美"可从两方面理解，其一，荆楚文化的灵动、农耕文化的醇厚与草原文化的雄浑，经呼韩邪单于内附与昭君出塞的契机，跨越地域与生产方式的界限，在互鉴交融中凝聚成昭君文化，成为中华优秀传统文化的瑰宝，绽放出独一无二、震撼人心的交融之美；其二，中华文明在漫长发展历程中，淋漓尽致地展现出交融之美。展览主创团队将展览主题聚焦于汉时期经济文化间的交流与民族融合，在展品选择上，站在宏观历史学的视角，进一步延伸展览的历史轴线和地

"交融之美"展览现场

理空间，即时间上溯至先秦时代，下延至秦汉时期；空间范围也不拘泥于北部边疆，而着眼于昭君出塞和亲之路沿线的湖北、河南、陕西、山西、内蒙古五省（区），在当时与昭君有关或其被影响力所辐射到的地区都被纳入展览中。通过展览，以更宽广的视野，展示昭君出塞路线形成历程，体现昭君文化的源流和溯源荆楚文化、农耕文化与游牧文化交流交融的历史过程，弘扬昭君文化所蕴含的"爱国主义"精神，展现中华文明突出的和平性与包容性，进而表达昭君出塞在铸牢中华民族共同体意识形成过程中的独特作用。

二、展览主题

北部边疆，地域辽阔，自古以来是各民族繁衍生息，交往融合，形成了厚重的历史文化积淀，造就了博大精深的北疆文化遗产。昭君出塞，是各民族共享的中华文化符号，更是铸牢中华民族共同体意识教育的典范。北部边疆因其独特的地理位置，成为中国北方地区以及欧亚大陆与中原地区经济、文化的交融汇集之地，匈奴、乌桓、鲜卑、突厥、

回纥、契丹、女真、蒙古等我国古代北方游猎族群在这片辽阔的土地上繁衍生息，在持续不断的交往交流交融过程中，各民族携手共建起命运与共的共有精神家园，共同创造出多种文化形态。在这里，多元文化交相辉映、共生共荣，使其成为一座宏大的历史舞台。正因如此，反映北部边疆历史上文化间的交流与民族交融，便成为内蒙古文物展览永恒的主题。

昭君博物院为呼和浩特博物院分馆，是一座集昭君文化、和亲文化、秦汉文化为特色的专题性博物馆。为讲好中华民族大团结故事，系统阐释昭君出塞佳话在中华各民族交往交流交融历史进程中的独特地位和重要作用，昭君博物院于2024年8月23日至12月23日策划推出的"交融之美——昭君出塞和亲之路沿线精品文物专题展"，是国内首次在昭君出塞背景下，大力宣介中华民族共同体故事的专题展。

此次展览主创团队聚焦西汉时期的历史佳话"昭君出塞"，深度观照内蒙古大地上各民族交往交流交融的历史事实，牢牢抓住内蒙古在文化大汇聚、民族大融合的西汉时期的重要地位，用史料说话，用文物阐释，讲好历史佳话，深入挖掘北部边疆的文化资源和历史史实，大力阐释内蒙古的精神特质，不断丰富北疆文化内涵，透过文物讲述中华各民族交往交流交融故事，全新打造昭君文化品牌魅力，展示北部边疆独具一格的文化特色。由此，以"交融之美——昭君出塞和亲之路沿线精品文物专题展"为主题策划展览，可谓独树一帜，另辟蹊径。展览对于丰富北疆文化内涵，更好地认识中华文明的突出特性，铸牢中华民族共同体意识具有重要的现实意义。

三、展览框架与内容

交往交流交融是中国各民族团结凝聚成中华民族共同体的根本途径。北部边疆是汉朝时期民族融合的重要区域，历史文化资源极为丰富，秦汉时期，北方草原游牧族群先后内迁，与华夏农耕民族交融，推进了中华历史上民族和文化的大融合，特别是西汉晚期昭君出塞，为中华各民族交往交流交融提供了范例。

"交融之美——昭君出塞和亲之路沿线精品文物专题展"，由内蒙古自治区文物局、呼和浩特市文旅广电局（文物局）指导，呼和浩特博物院、昭君博物院承办，由宜昌博物馆、兴山县民俗博物馆、随州博物馆、西安博物院、汉景帝阳陵博物馆、朔州市博物馆、包头博物院、内蒙古河套文化博物院、乌海博物馆、内蒙古自治区文物考古研究所等14家文博单位联合办展，撷集精品文物185件（组），其中国家一级文物13件（组）二级文物23件（组）三级文物64件（组）。展览以昭君出塞为主线贯穿始终，以精品文物突显地域文化融合的特征，以地域文物互动讲好中华民族大团结故事，致力于让文物"说话"，充分运用最新考古发现和最前沿的学术研究成果，以物证史、以史为鉴，通过"本

"交融之美"展览现场

是良家子""一朝入长安""出塞和亲路""民族大融合"四个单元，为观众勾勒出一幅鲜活生动的昭君出塞历史画卷，透物见史诠释"昭君出塞"辉煌成就及影响。

1.本是良家子

昭君性格的养成与荆楚之地独特的地理位置，气候环境及厚重的历史文化底蕴紧密相关。叶家山西周早期曾国墓地、大冶铜绿山、万福垴遗址、当阳赵巷等曾楚系列遗址出土青铜器、漆器等充分展现了荆楚文化在中华文明发展史上举足轻重的地位以及中原文化和楚文化的交流融合。展览通过"荆楚之地""屈骚遗风""香溪蕴秀"三个展示组，展现了昭君时代的社会文化背景。

"邦畿千里，维民所止"。各族先民胼手胝足，共同开发了祖国的锦绣河山。自古以来，中原和边疆人民就是你来我往、频繁互动。西周建立后，封邦建国，以藩屏周，巴楚之地先后被分封成为随、楚、巴等众多诸侯国。"秦扫六合"，开启了中国统一的多民族国家发展历程。汉继秦业后，荆楚文化、草原文化和农耕文化在长期交融中不断增进中华

"交融之美"展览现场

文化的共同性。叶家山墓地、万福垴遗址、当阳赵巷遗址、秭归八字门遗址、土城三岔口窖藏、陈家湾等遗址的发现，充分反映出东周时期至两汉时期，不同区域文化交流互融，最终汇入中华文化的浩瀚洪流之中，成为具有统一风貌的中华文化实物见证。《汉书·元帝纪》中首次明确了昭君的籍贯为南郡秭归县。南郡地处江汉平原，原是楚国的腹心地带，秦置郡，西汉置秭归县。公元260年（三国吴景帝永安三年），秭归北界置兴山县，"环邑皆山，县治兴起于群山之中"。因其山水形胜的环境，关塞要津之地位，在历史长

"交融之美"展览现场

河中逐步塑造了坚忍不拔、积极进取的楚韵汉风，熏陶培育了勇敢刚毅、聪慧贤淑、正直善良的王昭君。

2.一朝入长安

展览叙史方式主要依靠史籍记载，通过文物展现昭君入宫、出塞和亲时的社会背景，出土文物是最直接的释读材料。展览通过"长乐未央""选秀入宫"两个展示组，架构起昭君入宫、出塞的历史脉络，通过以着衣式彩绘武士俑、彩绘陶动物俑、陶仓、星云纹铜镜、博戏人物铜压镇、铜羽人、玉猪等文物，生动反映了汉代社会生活、思想观念、生活方式，展示西汉社会的"治世"景象和以华夏文明为主体的多元文化共存、胡汉交融的历史画卷。

汉元帝刘奭（前74年—前34年），在位期间，重用儒士，以儒治国，开启了汉朝的"儒治时代"。名臣萧望之主张以儒家仁义思想处理与匈奴的关系，平等对待匈奴单于，施之以礼，动之以义。汉元帝采取了萧望之的建议，与匈奴和亲，以王嫱嫁之。和亲促进了中原汉朝与北部匈奴的经济、文化交流和民族融合。竟宁元年（前33年），呼韩邪单于提出和亲意愿后，昭君请掖庭令求行，汉元帝赐后宫良家子王昭君，并改年号为竟宁。

3.出塞和亲路

展览通过"多元互融""和亲始约""昭君出塞""交和结好"四个展示组，以内蒙古包头召湾汉墓、呼和浩特市和林格尔小红城汉墓、沙梁子古城粮仓遗址、山西浑源毕村西汉木椁墓、朔州市汉墓群等考古发现为主要支撑，展现西汉时期所施行的和亲政策、昭君出塞及昭君出塞路线，通过对昭君出塞及路线的呈现，深刻揭示民族融合的历史进程，凸显各民族在交流互动中共同构筑中华民族多元一体格局的历程。围绕昭君出塞进而形成的昭君出塞路线，是"和合"理念之下民族融合的大廊道，是连接南北的重要桥梁，更是中华文明多元一体发展的重要见证。

"单于和亲"瓦当是昭君出塞佳话的实物见证。召湾汉墓群位于内蒙古包头市召湾，出土反映昭君出塞历史的"单于和亲"瓦当、"四夷尽服"瓦当、"天降单于"瓦当等珍贵文物，这些瓦当或用于接待呼韩邪单于和王昭君的驿馆建筑之上。西汉晚期呼韩邪单于内附，驻光禄塞下，汉人与匈奴人交错而居，不同民族之间的交往交流交融在丧葬习俗上得到了直观而具体地体现。匈奴城址和墓葬中出土了大批珍贵文物，体现了中原农耕文化、草原文化、荆楚文化的美美与共、和谐相融。

4.民族大融合

展览通过"千秋佳话""谒昭君墓""艺术昭君""和合共生"四个展示组，以单于和亲瓦当，王昭君墓以及昭君题材绘画艺术特色为切入点，以物证史、以图讲史，用考古新发现和最新研究成果，突出展示了昭君出塞是以爱国主义为核心的民族精神的重要组成部分，承载着中华民族长期追求的"和平和睦和谐"的优良传统。昭君出塞蕴含着国家统一、民族友好、社会和平的中华民族的文化基因。

在今蒙古国发现的匈奴墓葬出土遗物，包括铜三足盘、铜盘口壶、金质日月、银饰、柿蒂纹铜片、陶器（内有黍）、漆器、铁器以及车马饰等，尤其是金日月、玉剑璏、漆器、鎏金银龙、汉式青铜器等多族群文化交融的文物，突出展示了荆楚文化、农耕文化和草原文明互鉴交融。

高勒毛都2号墓位于温都尔乌兰苏木境内哈尼河东12公里处的丘陵上，共分布有400余座墓葬，包括98座大型贵族墓、250座陪葬墓和85座独立的圆圈墓。贵族墓地表建有长方形坟丘，南侧带有长梯形墓道，坟丘和墓道边缘用石板砌筑围墙，规模大小不等。高勒毛都2号墓出土遗物有带饰、服装饰物、箭镞、陶罐和马具，另外发现产自中原地区的青铜盘、铜镜、丝织品和常见于南西伯利亚地区早期遗址的琥珀珠等遗物，佐证了匈奴与周边地区人群的广泛交流。

四、展览创新与特色

1.深耕学术研究，以展览展陈转化研究成果

"交融之美"临时展览项目的实施，为策展团队探索新时代博物馆文化传承，讲好中华民族共同体故事提供了一个新课题。在策展过程中，深入探索中华优秀传统文化以及内蒙古地域文化各种形态，挖掘传统文化时代价值。昭君出塞和亲之路沿线出土的大量文物，生动展现了秦汉时期的政治、经济、思想、艺术和文化生活，而其构成的昭君文化研究是中国古代民族史、北部边疆史以及"三交"史、中华民族共同体研究的关键组成部分。"交融之美"展览基于丰富的历史文献、学术专著、研究论文以及考古发掘报告，将最新的研究成果融入展览的结构设计、展品甄选及内容阐释之中，首次以专题展览的形式深入探讨昭君文化研究，不仅重视与历史记载的契合度，而且确保了叙事脉络的明晰性。

昭君出塞路线史无明载，通过考古发现和历史文献记载，呼韩邪单于第一次入汉朝拜往来都走的是秦直道，"呼韩邪单于款五原塞""朝天子于甘泉宫，汉宠以殊礼"。诸多迹象表明，呼韩邪单于当时是循"直道"南下。秦直道是秦汉王朝对北部边疆加强统治和管理的纽带与桥梁。秦直道全长1800里，是连接关中平原与北部边疆地区的交通要道，也是昭君出塞路线中的重要干线。在内蒙古鄂尔多斯市伊金霍洛旗、东胜区、达拉特旗都保存有"秦直道"的遗迹。这件卷云纹半瓦当，出土于内蒙古鄂尔多斯柴登乡城梁段秦直道遗址。司马迁也曾走过秦直道，并留下了"自直道归"明确记述，可见秦直道在汉代仍然在使用。直道通行的便利使其成为昭君出塞的首选线路，昭君沿秦直道北上过光禄塞至单于龙城（今蒙古国和日门塔拉遗址），汉朝为了纪念此次和亲还制作了"单于和亲"瓦当。王昭君北上经行"直道"之说，得到许多学者的支持。和日门塔拉城址位于蒙古国后杭爱省乌贵诺尔苏木西北约20公里处，地处杭爱山脉东段北麓。据考证，和日门塔拉城址即是《史记·匈奴列传》《后汉书·南匈奴列传》中记载的单于"龙城"遗址。和日门塔拉城址所处的额尔浑河—塔米尔河流域及其小河支流谷地分布着大量匈奴时期的墓葬、城址、祭祀遗址和手工业遗存，表明该地区是匈奴政权的政治中心所在，对匈奴政治地理结构、社会形态及宗教礼仪制度以及汉朝与匈奴关系的研究具有重要的学术意义。

2.创新思维理念，以多维表达彰显民族融合

展览强调内容与形式设计的和谐统一。在展品内涵的阐释上，秉承"透物见史"的原则，通过"讲故事"的方法，对展览的空间布局、视觉艺术形态、内容逻辑结构、展品组织以及辅助技术手段进行综合设计。结合观众体验和需求，构建以文物

展品为核心的传播链。运用创新理念、技术与手段，精心组织空间逻辑，深入挖掘重点文物的多维信息。从二维到三维，从静态到动态，利用多维度、多视角的辅助技术增强展览的吸引力，提升观众的体验感和参与度，同时构建博物馆的时空叙事和记忆场域，旨在实现科学、优质的陈列展览效果。在展陈设计的呈现上，深入挖掘昭君出塞路线的地理环境、地域特色以及文物纹饰造型和色彩元素。色彩设计以文物本体为依据，选取兽面纹鼎的"青"、兽耳漆木篦的"红"，搭配黄色形成具有东方意蕴的三原色色彩系统。其中，青色对应昭君身为良家子的部分，红色象征一朝入长安的阶段，黄色代表出塞和亲之路，通过色彩转换展现其不同时期的成长历程与故事，赋予展厅节奏感与韵律美，彰显北疆文化是中华文化的有机组成部分，寓意昭君出塞为匈奴和汉朝带来的和平与兴旺。

展厅还充分运用动态陈列、场景复原、数字化手段，增强展览的通俗性、观赏性、趣味性和体验性。还原设计三处昭君形象场景，营造浓厚古典氛围；深挖《汉宫春晓图》内涵，打造"窥镜"互动体验，构建汉代宫闱生活情境；突破时空限制，以文物辅助场景展示，实现文物内涵在展览语境中的有效传播。单元标题版、展墙以及借鉴汉长安城未央宫建筑文化的拱门装饰，都是亮点辅助陈列。此外，展厅多处设置多媒体展项，如"昭君出塞和亲路线视频""昭君墓地图查询互动""明妃风姿各有千秋"等，以闪回形式再现昭君出塞的历史图卷，展现其经典艺术形象，表达人民大众对昭君的缅怀与赞美，以及对共同精神家园的守护与认同。

3.秉持无界理念，以地域互动共叙昭君出塞佳话

昭君出塞作为中华民族交往交流交融的历史典范，承载了中华民族共同的历史记忆。昭君出塞和亲之路沿线各地博物馆作为昭君文化的重要展示窗口，集合了大量文物珍品和历史遗迹。昭君出塞所形成的昭君出塞和亲之路，跨越了湖北、河南、山西、陕西、内蒙古等省（区），是汉代以来连接中原与北部边疆的重要通道，它不仅是汉代民族交往交流交融的见证，也是一条文化传播长廊，更是民族交往、贸易往来、维系民族情感与区域联系的纽带。汇集昭君出塞沿线五省（区）博物馆资源，共同策划并举办"交融之美"展览，是共同讲好"昭君出塞"佳话的最好注解。

"交融之美"展览是昭君博物院首次牵头组织举办的跨省区文物精品联展。秉持开放合作、互学互鉴、互利共赢的精神，采用跨地域联合举办展览的模式，整合区域文化、文物、人才资源，打造博物馆行业的"昭君文化共同体"，共同讲好"昭君出塞"佳话。展览汇集了来自湖北、河南、山西、陕西、内蒙古5省区14家文博单位的185件（套）文物精品，紧扣"昭君出塞"主脉络，以"昭君生平事迹"为主题，以"昭君出塞和亲之路"为线索，突出昭君出塞的历史佳话、时代特点和民族交融，着重在时间和空间上对昭君出塞和亲之路加以延伸，阐释昭君出塞的历史价值和现实意义。

4.融合展教资源，以人为本厚植人文情怀

作为北部边疆地区重要的公共文化服务场域，昭君博物院在丰富文化产品供给中坚持以人为本，厚植人文情怀，致力于打造"有温度"的博物馆。对于此次专题展，从展陈形式的空间布局到展教活动的设计实施，"以人为本"的理念贯穿始终。自开展以来，累计

接待海内外观众超过20万人次，讲解服务200余场次，志愿服务讲解80余场次，让观众悦享来自昭君博物院的人文服务，社会反响强烈，观众好评如潮。展览配套研发了"和合之美"主题社教活动20余场次，馆校共建、专题研学课程等方式覆盖大中小学，实现不同人群的分众教育，累计参与人数超1000余人，参与课程的学生涉及10多所学校，馆校共建单位2家。

展览还充分考虑对特殊人群的关怀和服务，展线专门开辟视障群体触摸体验区，3D打印文物模型，分专题为特殊人群提供定制化体验，使其在文化的意蕴中平等地触摸、探究和表达，在共情中产生共鸣。除此之外，为深度阐释展览承载的文化内涵和时代价值，精心策划展览配套"交融之美"展览系列学术讲座，扩充展览阐释新途径，充分发挥博物馆的教育功能。

五、展览启示与思考

1.立足地域文化特色优势，传承与弘扬爱国主义精神

文化传承与传播是博物馆的重要职能，博物馆的临时展览是实现文化传承与创新的主要途径。昭君文化作为中华优秀传统文化的重要组成部分，承载着丰富的历史内涵与时代价值。在新时代背景下，推动昭君文化融入大众日常生活，进一步扩大其影响力，使其持续焕发光彩，成为文化传承与发展的重要课题。

深度挖掘地方历史文化特色，并与民族交往交流交融主题紧密结合，是实现昭君文化传承与创新的核心路径。未来将持续深入探寻地方史志、民间传说、民俗风情中与昭君文化相关的元素，梳理出具有地域特色的文化脉络。对于优秀研究成果的传播与转化，同样不可忽视。一方面，要利用学术研讨会、专业期刊等传统平台，加强学术交流，推动研究成果的深度探讨与完善。另一方面，借助新媒体的力量，通过短视频、线上展览、文化类APP等多元形式，将学术成果以通俗易懂、生动有趣的方式呈现给大众。在实践中不断探索，将深度挖掘的地方历史文化特色与民族交往交流交融主题完美结合，通过文物讲述鲜活故事，高效传播与转化研究成果，推动昭君文化在新时代蓬勃发展。

2.立足文物资源，透物见史讲好"昭君出塞"故事

文物凝结着中华民族传统文化，在保护、管理好文物的同时，也要加强研究和利用，推动中华优秀传统文化创造性转化、创新性发展。

"交融之美"展的策划得益于近年来的考古发现和昭君文化研究。昭君出塞堪称汉代和亲史上的经典佳话，而且具有重大的历史意义。汉代"和亲"模式成为此后历朝历代的经典模式，产生了深远的影响，匈奴考古发现也极大地丰富了人们对于西汉时代民族交往交流交融，尤其是昭君出塞的了解。因而，历史研究犹如搭建起一座稳固的时空框架，让我们得以明晰昭君出塞所处的时代坐标。而在昭君出塞和亲之路沿线发掘出的大量文物，恰似一把把精巧钥匙，生动解锁了秦汉时期政治格局的风云变幻、经济活动的蓬勃景象、思想领域的多元碰撞、艺术创作的独特魅力，以及丰富的文化生活图景，全方位、多维度地展现出那个时代的真实风貌。

昭君出塞和亲之路沿线的珍贵文物首次以专题展览的形式展现。通过"交融之美"展览的这一有益尝试，让收藏在博物馆里的文物、陈列在广阔大地上的遗产、书写在古籍里

的文字都焕发新生。在加强文物保护、利用以及文化遗产的保护与传承的同时，未来应更加注重深入挖掘和阐释文物的深层价值，讲述中国故事，使文物持续焕发出新的生命力。

3.立足策展人制度，创新策展思维，强化精品意识

在博物馆高质量发展的当下，陈列展览是博物馆最重要的文化产品，策展能力已成为博物馆的核心竞争力。博物馆策展实践证明推行策展人制度，践行"以观众为中心"的策展理念，是提升策展能力，创新策展思维的关键所在。以策展人为核心，以展览研究部为枢纽，在这种模式中，两者之间责权明晰，最终目的是实现博物馆陈列展览的高质量发展。

虽然展览的构想源自策展人，但是展览的实施却要依靠一个团结合作的策展团队。本次展览的展品来自国内5个省（区）的14家博物馆和考古研究所。展览的实施过程中，包括文物清单、修复保护、运输筹划、展览设计、展柜制作、编辑出版、宣传教育、法律咨询以及安全保卫等。展览的成功举办是整个策展团队通力合作的结果。

策展人在我国博物馆有多重角色定位，策展人是学者，也是展览项目的负责人，既要有学术研究的能力，也要有组织能力沟通、协调、调度、操作和落实展览的各个环节。因此在厘清策展人核心能力的基础上，未来应充分利用外援力量，发挥团队的凝聚力。同时，确定策展人在团队中的主导地位，扩大策展人话语权和自主权，并建立策展人评价机制，切实增强博物馆展览策划的发展动力和创新活力，进而在弘扬中华优秀传统文化中发挥更加积极的作用。

六、小结

各民族血脉相融是中华民族共同体形成和发展的历史根基。北部边疆作为中华民族融合形成和发展的重要区域，为中华民族多元一体格局的历史演进提供了包括"昭君出塞"在内的一系列丰富的文化交流、民族融合和边疆治理模式。博物馆是保护和传承人类文明的重要殿堂，是连接过去、现在、未来的桥梁。"交融之美——昭君出塞和亲之路沿线精品文物专题展"，不仅是着力诠释文物背后蕴藏的各民族血脉相融、信念相同、文化相通、经济相依、情感相亲的中华民族大团结故事，而且是博物馆赋能文化交流、地域互动，促进民心相通，有形有感有效铸牢中华民族共同体意识的创新实践。此次展览的成功举办，为博物馆深入挖掘地域文化，实现文化传承，大力宣介中华民族大团结故事提供了经验与启示。

新时代昭君文化助力两个"共同体"建设管见

周竞红(中国社会科学院民族学与人类学研究所)

昭君出塞的故事发生于西汉中央王朝与匈奴政权关系改善的历史进程中，有着深厚的历史文化积淀。有学者将昭君文化概念定义为："古往今来与王昭君有关的一切文化现象。"[1]笔者则将昭君文化视为昭君历史文化资源的当代转化，即转型的昭君历史文化。昭君文化内涵日益丰富，不仅被新时代赋予全新的意义，还被赋予了在新中国民族平等团结原则下，各民族团结合作、和睦相处、共同团结奋斗、共同繁荣进步的意蕴。新中国成立之前的昭君文化现象属于昭君历史文化资源。新中国成立后，统一的多民族、单一制人民国家建设开启中华民族"多元一体格局"的新纪元。在社会变革中构建各民族团结友爱大家庭成为新生的人民政权的重要任务。在此过程中，昭君文化被赋予助力新中国民族团结的意义。随着改革开放的深化，昭君文化被再度深入挖掘，以各民族团结合作、共同繁荣发展为核心价值追求的新时期昭君文化特质得以彰显。中国特色社会主义进入新时代，昭君文化创新和转化面临新的目标任务，在昭君文化创新转化为助力国内民族团结进步的基础上，需要面对国内国际两个大局，牢牢把握新时代党的民族工作主线，进一步提高传播效能，发挥昭君文化在助力铸牢中华民族共同体意识和推动构建人类命运共同体方面的文化支撑作用。

一、昭君历史文化积淀及内涵

和亲是中国历史上中原王朝调节与周边不同政权间政治关系的重要手段，也是这些政权间政治结盟的重要途径之一，甚至可以说，是否存在姻亲关系是中原王朝政权与周边族体政权间关系的晴雨表。昭君出塞是中原汉王朝与匈奴"行国"之间政治关系改善的重要标志性事件，昭君出塞是中国历史上诸多和亲故事之一。此前，中原的汉王朝政权与匈奴所建立的"行国"政权在战与和之间不断缠斗，战则双方百姓陷于兵祸，生灵涂炭，和则民生得安。史载，昭君出塞后汉匈两政权间和平相处半个世纪，客观上对双方百姓生活安定起到了关键作用，可谓厥功至伟，这是昭君出塞历史故事在历代文人墨客和民间广为流传并得到赞誉的根本原因。

东汉史学家班固所撰《汉书》卷九《元帝纪》以寥寥数笔交代了昭君出塞的历史过程，即汉元帝与呼韩邪单于修好，单于"愿保塞传之无穷，边陲长无兵革之事"。由是汉元帝改元竟宁，"赐单于待诏掖庭王樯为阏氏"[2]。同书卷九十四下《匈奴传》记之称，"元帝以后宫良家子王墙字昭君赐单于。单于欢喜，上书愿保塞上谷以西至敦煌，传之无穷，请罢边备塞吏卒，以休天子人民"[3]。自此之后汉匈关系得以改善，边塞安宁。汉元帝以后历朝，随着汉胡关系或华夷关系的演变，这一历史故事以各种艺术形态进入古代中原不同王朝文人墨客的诗词歌赋、小说戏曲，或者民间传说中。昭君出塞的故事广为传播演绎，其中的情绪十分复杂，或歌或叹，或怜或赞，故事情节日益丰富，代代相传相因，数量之巨、形式之富着实为后人所惊叹。有学者通过研究昭君出塞和亲故事在魏晋南北朝时

1　马冀，杨笑寒.昭君文化研究[M].//林幹.昭君文化丛书.呼和浩特:内蒙古人民出版社，2004:1.

2　班固.汉书:上册[M].2版.陈焕良，曾宪礼，标点.长沙:岳麓书社，2008:96.

3　班固.汉书:上册[M].2版.陈焕良，曾宪礼，标点.长沙:岳麓书社，2008:1413.

期的流传与演变，指出："随着时代的发展，昭君出塞和亲故事无论在情节还是内容上都愈加完整与丰富，所谓前修未密，后出转精。一些新添加的因素诸如昭君与画工的故事，使得昭君故事更具传奇色彩。昭君被埋没宫中的不幸遭遇与中国古代的'士不遇'之文学主题有相通之处，容易拨动文人怀才不遇的情感之弦，加之该时期士人个体意识的觉醒及对门阀士族制度下黑暗现实社会的强烈不满，于是昭君故事很容易成为文人士子寄寓悲愤情感的载体，从而被人们普遍地接受并且广泛传唱。"[4]

有研究者统计，古往今来，反映王昭君的诗歌700余首，与之有关的小说、民间传说有近40种，写过昭君事迹的著名作者有500多人，这些文化名人中古有李白、杜甫、白居易、蔡邕、李商隐、王安石、耶律楚材等，近现代则有郭沫若、老舍等[5]。王昭君以一个多面向的千年不衰的女性形象几成不同类型文化艺术语言争相描摹的对象。自汉以来中国历史发展进程中，历经无数文人墨客和民间艺人的演绎，昭君故事成为积淀深厚的历史文化，形成昭君历史文化形态，这一文化主要服务于维护"大一统"中原王朝统治阶级政权的稳固，其内涵主要表现为：第一，从"大一统"的中原王朝国家层面来说，昭君历史文化在帝王将相"天下观"支配的国家政治生活中，演变成为统治阶层为社会树立奉献家国、忠诚君王和服从王权统治的典范。第二，从个体层面而言，昭君历史文化还是王朝社会统治下的文人墨客和普通百姓抒发其"华夷之别观"或自身处境之难等复杂情绪的载体。从这个意义上来说，形式多样和内容丰富的昭君历史文化反映着封建王朝的政治特性。在中原王朝政权几千年的政治传承中，昭君历史文化的核心内涵从未脱离忠君、从君、维护君权的主旨。至于文人墨客和民间社会个体情绪的表达总体上受此政治制度的规约，并彰显维护皇权至上的价值观，或维护父权、夫权的价值取向。

在中国历代王朝政治社会运行过程中，和亲本质上是"大一统"的中原王朝政权执掌者与周边族体间政治结盟的重要方式之一，结盟的目的则是直接服务于中原王朝政权与周边不同政权间政治关系的稳固、双方经济利益的维护或中原王朝政治影响力的扩张，客观上深刻影响着不同政权间经济社会关系，和亲事实上并非以普通百姓利益为价值取向，但是双方和平交往关系客观上为普通百姓安居乐业提供了良好的社会条件。关于昭君出塞故事，千余年来，不同人在不同历史条件下将其从诸多的相类似历史事件中抽离出来，联系特定的时代与生活加以艺术化的想象，赋予其诸多社会生活意义，表达人们对当时社会状况的态度或观念，不断积淀昭君历史文化。昭君出塞在不同地区故事内容有一定的差异，在社会不同阶层故事情节和意义及表达的重点也存在差异。对于关注中原王朝政权稳定和社会政治运行状况者而言，在诸多吸引人的意义中"汉胡相异""忠义爱国""以身许国"等被视为昭君历史文化的核心价值，至于个体表达的许多的儿女情长则属于社会底层文化的主流。

"大一统"中央王朝政治运行至清末之时，中国传统的差异群体观念——"华夷观"或"胡汉观"，在"西夷"的坚船利炮下和不断被动挨打中转向西方具有现代性的理念，同时与历代王朝族类划分混合形成的种族民族观，此处所谓的种族并非西方语境中的种族，而是中国传统族类之分，所谓"非我族类"的华夷之种别。是时，自视为"天朝上

---

4 高胜利、史转康.汉魏六朝时期昭君故事流变考[J].三峡大学学报(人文社会科学版)，2019(4):9-13.

5 肖立军、袁学敏、蒋秀碧.中国传统思想文化及应用评析[M].武汉:武汉大学出版社，2015:65.

国"的末代清朝，其一统天下观念也在与"西夷"的不断抵抗中转型为世界万国之一的国家观。居民、领土、主权成为近现代以后任何一个掌握国家政权的政治力量或政党组织关注的核心目标。但是，清王朝在向现代统一的多民族主权国家转型进程中，政治文化变态，经济资本主义化未实现，社会转型充满了复杂性、曲折性、矛盾性和斗争性。一方面，中原王朝数千年处理差异族体关系的经验、制度，以及差异族体间战和不定的历史经验，成为清王朝国家转型中革命者利用西方民族话语体系分析当时中国社会现状并生成新的相关话语体系的重要方式。由此，中国资产阶级民族民主革命得以酝酿，清王朝政权演变为革命对象，昭君一时间被革命者赋予了具有民族性特征的爱国女杰形象，有作者撰文称："我们中国几千年以来，人人都可怜王昭君出塞和番的苦趣，却没有一个人晓得赞叹王昭君的爱国苦心的。"[6]此时，与清以前历代王朝中央政权倡导的忠君爱国不同，昭君被赋予的所爱之国已非数千年迭代的封建王朝之国，而是追求主权、民主的具有准民族国家意义之国。另一方面，此时之所以突出昭君爱国形象，某种程度上也是资产阶级革命宣传和动员的重要组成部分，以符"排满"革命之需。该作者在种族民族观语境下，视匈奴是"汉朝北方一种外国人的种名"[7]。随着辛亥革命在民族民主革命之旗帜下推翻清王朝统治，中国近代化转型目标初步实现，亚洲第一个共和国家建立，此共和国家基本上全面继承清王朝所塑造的居民、疆土和主权。但是，资产阶级领导的民族民主革命由于力量薄弱，与强大封建旧势力难以匹敌，亦不得不打起"五族共和"旗帜，以弥合此前种族民族观传播中产生的族际裂隙，构建一个具有现代主权独立的资产阶级性质的共和国家。受制于完成工业化的多个帝国主义国家的不断入侵和半殖民地半封建社会的现状，革命后的中国并未真正确立共和国制度，昭君历史文化也未能全面转型为具有现代性的爱国、奉献、和平、合作、包容发展的内涵，同时也未脱离其封建文化特性的本质。

二、新中国成立后推进昭君历史文化转型及昭君文化研究与实践

近代中国，此起彼伏的农民起义、旧民主主义革命等一系列抗争，均未能将中国真正从政治纷乱和被动挨打中解放出来。在各种救国道路的求索中，一批受到十月革命和马克思主义理论启迪的知识分子，从民族民主主义者转型为马克思主义者，以无产阶级革命为依托，以工农利益为立足点，寻求救国救民之路，探寻一条如何运用马克思主义的基本原理和立场观点方法来解决中国实际问题的革命路径。正如1949年毛泽东曾指出的："中国无产阶级的先锋队，在十月革命以后学了马克思列宁主义，建立了中国共产党。接着就进入政治斗争，经过曲折的道路，走了二十八年，方才取得了基本的胜利……到现在为止，中国人民已经取得的主要的和基本的经验，就是这两件事:(一)在国内，唤起民众。这就是团结工人阶级、农民阶级、城市小资产阶级和民族资产阶级，在工人阶级领导之下，结成国内的统一战线，并由此发展到建立工人阶级领导的以工农联盟为基础的人民民主专政的国家;(二)在国外，联合世界上以平等待我的民族和各国人民，共同奋斗。这就是联合苏联，联合各人民民主国家，联合其他各国的无产阶级和广大人民，结成国际的统一战线。"[8]中

6 胡适.中国爱国女杰王昭君传[J].竞业旬报，1908(32):21-28.

7 胡适.中国爱国女杰王昭君传[J].竞业旬报，1908(32):21-28.

8 毛泽东.毛泽东选集:第四卷[M].2版.北京:人民出版社，1991:1472.

国产生了共产党，发生了开天辟地的大事变，共产党人团结各民族工人、农民、学生和知识分子，在马克思主义理论指导下，结合中国国情，历经新民主主义革命的浴血斗争，成为凝聚中华民族的核心力量，取得新民主主义革命的最终胜利，并依据基本国情构建了统一的多民族新社会新国家。中国共产党在领导新民主主义革命中，不断深化马克思主义民族理论中国化，平等、团结成为中国共产党谋求革命成功的重要价值理念。

新中国的成立和社会主义制度的确立，在民族平等、民族团结、各民族共同繁荣原则的指引下，开辟了各民族团结友爱的新纪元。中国共产党创新性地实践了民族区域自治制度，为各民族共同团结奋斗，共同繁荣发展提供制度保障。为进一步凝聚各族人民共同建设现代化的社会主义中国，中国共产党依据马克思主义民族理论，在制度和政策层面系统调整民族关系，从历史中充分汲取有益的资源，大力开展民族团结进步创建工作。在这一新的社会背景下，昭君历史文化作为中国历史上中原王朝政权沟通周边族体关系的文化现象为政学两界所关注和重视。在新中国建构民族的、大众的、科学的文化政策引导下，昭君历史文化不断转型和重塑，在新社会新国家的社会环境推动下，剔除昭君历史文化中君臣关系等封建阶级统治思想和内容，转型为具有时代意义的新的昭君文化。在新的历史条件下，昭君文化转型为构建国内新型民族关系、建立新型国际关系的重要文化资源。

曾经的汉家弱女子王昭君，其形象不仅仍然具有国色天香的容颜、聪颖灵秀的气质和弹琴拨瑟、能歌善咏的才情，而且还具有崇高英武的气节，升华至为民族团结奉献青春的女中豪杰。人们描述"她是一个美丽的女子，同时又是一位伟大的女人"[9]。"王昭君不再是哭哭啼啼了。她有志气，有胆识，愿意为民族和睦和当时的汉胡百姓的安乐贡献自己的一生……她嫁到匈奴，就爱上草原;她嫁给了呼韩邪单于，就真心地爱他，并且也得到了他的爱"[10]。后人完全以自己对新生活的认识、向往和追求来看待昭君历史文化，并形成实现美好生活的社会驱动力。著名的剧作家曹禺在关于《王昭君》创作的背景介绍中曾提到，当年周恩来总理十分关注新中国统一的多民族国家的民族关系问题，鼓励他写《王昭君》，以推进新型民族关系的发展。于是，在统一的多民族的新中国成立、民族关系不断改善、各民族交往交流更为频繁，以及人民生活水平不断提高的背景下，昭君历史文化加速转型，并发生重大变革，曾以悲凄哀怨、为君赴命、忠君报国等为核心内容的昭君历史文化资源，在全新的社会文化条件下服务于人民、服务于国家建设。昭君历史文化在为人民和国家建设服务过程中推陈出新、创新转型。在这一过程中，历史人物王昭君获得崭新的时代形象，一个"刚毅"且"温柔"、"耿直"而"明事理"、胸怀大志、顾全大局的昭君形象更加突出并传遍大江南北。

在昭君文化价值取向转型的同时，其传播形式和内容随之创新变革，诗、词、小说、戏曲等传统艺术形式在传播形式上得以创新。随着时代的变迁和社会技术的进步，许多新的文化艺术表现形式成为推动昭君文化转型和张扬昭君文化内涵，推进各民族团结合作、和睦相处、共同团结奋斗、共同繁荣发展文化意义的重要载体，包括电影、电视剧、歌舞诗剧、大型原创民族舞剧、动画片等等。以江苏省扬州市的地方传统戏剧扬剧为艺术表现

9　巴特尔.昭君论文选[M].//林幹.昭君文化丛书.呼和浩特:内蒙古人民出版社，2004:26.
10　巴特尔.昭君论文选[M].//林幹.昭君文化丛书.呼和浩特:内蒙古人民出版社，2004:28.

形式，历经五年编排演出的《王昭君》，在2001年第二届全国少数民族文艺会演中获创作、演出及舞美三项金奖。2019年，由呼和浩特民族演艺集团和中国歌剧舞剧院联合打造的大型原创民族舞剧《昭君》登上国家大剧院的舞台，并在上海、深圳等地巡演，在演出市场上赢得了良好的社会声誉。昭君文化主题进入哲学社会科学研究领域则相对较晚，主要始于改革开放之初，相关研究成果重点集中在对昭君出塞历史的文艺作品形象、文艺批评或历史上的民族关系研究等方面。国内以昭君文化为主题的更为专业的学术性研究始于20世纪90年代初，这一时期的研究相对发展较快。以"昭君"为主题在中国知网新版总库检索，从1950年至2022年，可得到相关文献信息4000余条，其中，学术期刊文献2080条，学位论文683条，会议文献85条，报纸文章317条，涉及图书文献1条，以昭君命名的工程项目或品牌4条。同期，以"昭君文化"为主题在中国知网新版总库检索，可获得437条文献信息，其中学术期刊文献193条，学位论文11条，会议文献信息13条，报纸文章187条。从现有研究成果的层次来看，涉及社会科学基础研究、政策性研究、行业指导性研究、文艺作品创作研究等，昭君文化研究的著作也不断问世。这些研究成果的生命力源于改革开放后民族地区对内对外开放的探索实践，是新中国成立以来昭君文化转型的新阶段。

新中国成立后，统一的多民族国家建设社会主义的伟大实践为昭君历史文化转型提供了全新的社会政治环境，也进一步成就了王昭君民族和谐、和睦、团结使者的光辉形象，为昭君历史文化转型提供了广阔的社会空间。但是在一段时间受"左"的思想影响，中国的社会主义建设之路遭受挫折，也阻碍了昭君历史文化全面转型。改革开放全面开启中国社会主义现代化建设新时期，民族地区经济社会发展和全国一样面临百废待兴之境，对内对外的开放发展和党中央、国务院推动的一系列对口支援政策的落实，使民族地区寻求经济社会发展的有效路径不断完善，发展观念不断更新。在此背景下，拥有丰富的昭君历史文化资源的内蒙古呼和浩特市政学两界通力合作，在对内对外开放发展目标引领下，开创昭君文化转化和创新的新路径。呼和浩特市借重大节庆活动不断推进昭君文化的创造性转化，昭君文化的社会影响力逐渐提高。自1999年至2023年，呼和浩特市已经成功举办24届昭君文化节。呼和浩特市每一年的昭君文化节都是一次集经济、文化、社会效益为一体的综合性节庆活动。昭君文化节期间的各类经济文化活动，特别是以草原文化和农耕文化密切结合为特征的文化展示和文艺演出活动，极大丰富了呼和浩特市各族群众的经济文化生活，推动了各族群众对昭君文化全新的认识，在此过程中也促进了各族群众共享精神家园建设成果的社会效应。在历届昭君文化节期间，呼和浩特市都会联合昭君故里——湖北省宜昌市兴山县相关部门举办经济文化交流活动。通过昭君文化节和昭君文化研究团体等平台，大大强化了内蒙古呼和浩特市与湖北省宜昌市和兴山县之间的交往交流，促进了两地旅游业发展，推进了两地昭君文化的合作研究和经济文化交流，在促进两地民族交往交流方面社会效应显著。昭君文化为铸牢中华民族共同体意识，强化各民族团结进步创建作出了直接贡献，随着昭君文化的进一步创新转化，必将为中华民族共同体建设提供更为良好的社会文化条件。

在党的十九大报告中，习近平总书记指出："坚持推动构建人类命运共同体。中国人民的梦想同各国人民的梦想息息相通，实现中国梦离不开和平的国际环境和稳定的国际秩序。必须统筹国内国际两个大局，始终不渝走和平发展道路、奉行互利共赢的开放战略，坚持正确义利观，树立共同、综合、合作、可持续的新安全观，谋求开放创新、包容互惠的发展前景，促进和而不同、兼收并蓄的文明交流，构筑尊崇自然、绿色发展的生态体系，始终做世界和平的建设者、全球发展的贡献者、国际秩序的维护者。"[11]昭君文化有利于作为彰显和平、合作、包容互惠、互利共赢的精神内涵的载体，助力推动构建人类命运共同体。特别是当代中国在处理与世界各国关系中，昭君文化所彰显的价值内涵具有"世界和平的建设者、全球发展的贡献者、国际秩序的维护者"的实践特征。

就各国间合作、包容的实践而言，借物言情，推动构建人类命运共同体的重要方式之一。比如，2020年蒙古国捐赠的3万只羊在中蒙两国各界反响热烈，对中蒙两国关系产生了深远影响。作为一家全国少数民族特需用品定点生产企业，鑫鼎生物科技有限公司属于"老字号"，也是国家高新技术企业、湖北省农业产业化重点龙头企业、湖北省脱贫攻坚先进集体。鑫鼎生物科技有限公司恰在昭君故里兴山县所在的湖北省宜昌市，公司的拳头产品为长盛川青砖茶，此茶拥有650多年历史，是国家级非物质文化遗产具有"草原人民的生命之饮""万里茶道上的瑰宝"之誉，曾两度获得"世博金奖"，被授予"世界名茶"荣誉称号，也是湖北人招待贵客的珍品。2020年，湖北省人民政府选定长盛川青砖茶为回赠蒙古国支持中方抗疫的礼品，中蒙关系传出一段"羊来茶往"的新佳话[12]。此外，昭君历史文化在日本、韩国等国家和地区都有一定的影响。因此，在新时代国际关系发展实践中，可充分挖掘昭君文化内涵，在新时代不断开展昭君文化创新性发展和创造性转化，这必将对推动构建人类命运共同体产生深远的影响。

总之，中华民族站起来之后的新中国、新社会，尤其是改革开放之后，昭君文化历经地方文化资源创造性转化和创新性发展，成为和平、友好的价值追求的载体和具象化的社会实践，从而大大拓展了昭君文化的影响范围和影响力，昭君文化在实践中创造性转化为新时代的昭君文化，内容、载体和价值追求进一步丰富，是推进中华民族共同体建设和人类命运共同体建设重要的文化资源。

三、新时代昭君文化再创新助力两个"共同体"建设

2019年9月27日，习近平总书记在全国民族团结进步表彰大会上的讲话中指出："一部中国史，就是一部各民族交融汇聚成多元一体中华民族的历史，就是各民族共同缔造、发展、巩固统一的伟大祖国的历史。各民族之所以团结融合，多元之所以聚为一体，源自各民族文化上的兼收并蓄、经济上的相互依存、情感上的相互亲近，源自中华民族追求团结统一的内生动力。正因为如此，中华文明才具有无与伦比的包容性和吸纳力，才可久可大、根深叶茂。"同时指出："我们伟大的精神是各民族共同培育的。在历史长河中，农耕文明的勤劳质朴、崇礼亲仁，草原文明的热烈奔放、勇猛刚健，海洋文明的海纳百川、敢拼会赢，源源不断注入中华民族的特质和禀赋，共同熔铸了以爱国主义为核心的伟大民族

11 习近平.决胜全面建成小康社会 夺取新时代中国特色社会主义伟大胜利——在中国共产党第十九次全国代表大会上的报告[M].北京:人民出版社,2017:25.

12 冉龙升、刘彩霞.以茶为媒在民族团结路上绽放新花——湖北鑫鼎生物科技有限公司民族团结进步创建工作纪实[J].民族大家庭,2019(5):31-32.

精神。昭君出塞、文成公主进藏、凉州会盟、瓦氏夫人抗倭、土尔扈特万里东归、锡伯族万里戍边等就是这样的历史佳话。"[13]昭君出塞的历史佳话在新中国成立后，特别是改革开放后的转型，已成为中华民族共同体建设文化支撑的重要社会文化资源之一，也是中国特色社会主义进入新时代，民族团结进步创建进入新境界背景下，在新时代新征程目标引领下进一步创造性转化、创新性发展的文化之一。

第一，文化传播效应越高，影响力越大。新时代，昭君文化要在统筹国内国际两个大局、铸牢中华民族共同体意识、推动构建人类命运共同体中不断创新和转化，进一步开展载体和创新，强化昭君文化传播效应，提升昭君文化在国内外的影响力。呼和浩特昭君文化博物院是昭君文化现有的重要传播平台，历史上昭君出塞途经的相关地区的文化活动的社会传播效应日益凸显。在互联网时代，信息传播方式日渐多样且速度大大提升，昭君文化需要结合信息技术使其大众性和社会性特征得以显现，可借助新媒体、大数据等技术之力，将昭君文化价值和理念与人们的日常生活紧密联系起来，使昭君文化更好地融入各民族共同团结奋斗、共同繁荣发展、共建美好精神家园的生动实践中。同时，通过文化作品创新、艺术形式创新和传播路径创新，使昭君文化的内涵和精神在信息化时代得到广泛传播并产生更加广泛深远的影响力。同时，在国际上，人类面临许多共同问题，需要国家间的通力合作，倡导文明互鉴，和平友好共谋发展，昭君文化价值和理念亦应融入这一领域。新时代新征程上的昭君文化再创新和转化，不仅需要着眼于国内各民族团结、友好互助，推动中华民族共同体建设，还要着眼于世界百年未有之大变局加速演进的时代背景，借助昭君文化所昭示的平等、和平、和谐的内涵和人类对美好生活共有的期盼，结合不同国家和民族文化特点，借助新技术创新传播方式和提升传播效应，推动各国人民的民心相通，助力人类命运共同体建设。

第二，依据新时代中国式现代化建设特征和中华民族共同体建设实际，以及各国人民追求美好生活的共通性，为拓展昭君文化内涵提供支撑。新时代新征程上的昭君文化面对国内国际两个大局再创新和转化，需要与时俱进地拓展昭君文化内涵，在中国共产党第二个百年奋斗目标和社会主义核心价值观的引领下，强化昭君文化内涵研究，回应时代变革。著名人类学家、民族学家费孝通先生曾经指出："一个社会越是富裕，这个社会里的成员发展其个性的机会也越多。相反，一个社会越是贫困，其成员可以选择的生存方式也越有限。如果这个规律同样可以用到民族领域里的话，经济越发展，也是越是现代化，各民族间凭各自的优势去发展民族特点的机会也越大。在工业化的过程中，各民族人民生活中共同的东西必然会越来越多，比如为了风格的文学。通用的语言可以帮助各民族间的互相学习，互相影响而促进自己文学的发展……在现代化的过程中通过发挥各民族团结互助的精神达到共同繁荣的目的，继续在多元一体的格局中发展到更高的层次。在这层次里，用一个比喻来说，中华民族将是一个百花争艳的大园圃"[14]经济现代化在改变人们生活方式的同时，也为社会文化发展提供了丰富的物质基础，经济现代化是国内各民族共同繁荣的基本条件，也是人的全面发展的物质基础。而中国式现代化必然以"五位一体"总体布

13 习近平.在全国民族团结进步表彰大会上的讲话[N].人民日报，2019-09-28(002).
14 费孝通.中华民族的多元一体格局[J].北京大学学报(哲学社会科学版)，1989(4):1-19.

局和"四个全面"战略布局为指引，昭君文化再创新和转化亦需要因应时代变化，紧紧围绕党和国家发展战略，登高望远，站在实现中华民族伟大复兴的战略高度和继续巩固发展新型民族关系角度，在强化各民族交往交流交融及共同团结奋斗中，推进昭君文化再创新和转化，深化昭君文化在各民族互助合作中的思想文化滋养功能，为铸就各民族间牢不可破的"和合"之力提供坚实的文化支撑。就国际社会而言，不论是发达国家还是发展中国家，各国人民都有着对美好生活的向往和诉求。当前，世界百年未有之大变局加速演进，昭君文化要在和平、合作的价值取向方面拓展自身内涵，助力不同文明的交流、互鉴，发挥保障各国人民在和平合作中谋求共同进步的文化功能。

第三，围绕统筹国内国际两个大局和铸牢中华民族共同体意识，推进昭君文化在国内外的实践创新。昭君文化在不断深化发展中已走出呼和浩特一地，在周边省份的传统文化创新发展中发挥着促进民族交往交流交融的作用。但是各地挖掘本地区昭君文化资源的相关活动的社会性和群众参与的广泛性方面还不够，尚未形成引领民族交往交流交融显著的文化驱动力，所形成的综合效益还不明显。中国特色社会主义进入新时代，昭君文化还需要围绕"引导各族人民牢固树立休戚与共、荣辱与共、生死与共、命运与共的共同体理念"[15]，进一步开展创造性转化和创新性发展相关实践。昭君文化在新时代内涵的拓展和深化需要进一步融入各民族群众日常交往交流之中，深化昭君文化滋养各民族平等团结、共同团结奋斗、铸牢中华民族共同体意识的社会文化功能。国内经济社会发展形势决定了中国与世界各国的联系，国际社会对中国市场的期待也进一步强化了国际交流合作的必然性。但是，世界各国都需要面对和解决发展中的实际问题。就国内而言，要充分利用已有的昭君文化创新性平台及所转化的成果，与时代同频共振，在实践中谋求昭君文化的再创新和转化，特别是在基层社会中，要开展有组织、系统性的群众性社会文化交流活动，借助内蒙古呼和浩特市和湖北省宜昌市兴山县，以及内蒙古周边地区所搭建的平台，深化昭君文化创造性转化和创新性发展，使昭君文化与各地经济社会发展和各民族交往交流交融深度结合。要通过开展学术研究，进一步深化和提炼昭君文化的理论内涵和时代价值，使昭君文化充分发挥推进各民族交往交流交融的文化引领作用，促进民族团结、细化昭君文化再创新和转化途径，为各民族交往交流交融提供丰富平台，在提升民族事务治理体系和治理能力现代化进程中，丰富和彰显昭君文化在人民群众社会生活中的"和合"精神，形成各民族在团结奋斗中构建共同精神家园的良好社会态势。共同的精神和意志是生成社会共同行动有效的保障，以昭君文化所蕴含的"和合"精神推动和加强各民族群众在社会各领域团结合作，一起跟上中国式现代化的步伐，实现在中国式现代化发展进程中一个民族都不能少的宏伟目标。同时，使昭君文化在国际社会成为推动构建人类命运共同体的重要文化成果之一。在处理国际事务实践中，以昭君文化为媒介实现国家间的和平、合作，以昭君文化为桥梁纽带，加强与周边国家间的文化交往交流，促进各国人民的民心相通，丰富昭君文化在国家间合作共赢的实践路径，使昭君文化走出去，在实践中不断推进昭君文化的再创新和转化。

15　以铸牢中华民族共同体意识为主线推动新时代党的民族工作高质量发展[N].人民日报，2021-08-29(001).

四、结语

昭君文化在新时代新征程上的再创新和转化是时代的要求，也是两个"共同体"建设的文化媒介和社会文化基础。历经新中国成立之初，特别是改革开放后民族地区对外开放特定的历史背景，呼和浩特市政学两界率先开启新时期昭君文化创造性转化和创新性发展，以组织节庆活动和组建研究团体为载体，使昭君文化社会影响力显著提升并取得区域间的联合实践成果。文化的力量在于传播、认同和在交往中的实践。在中国特色社会主义进入新时代的历史条件下，站在中华民族伟大复兴战略全局和世界百年未有之大变局的战略高度，推进昭君文化的再创新和转化，助力两个"共同体"建设。昭君文化再创新和转化重点需要依据不同的传播对象拓展载体和平台创新，深化昭君文化内涵，回应时代需求。同时，围绕统筹国内国际两个大局和铸牢中华民族共同体意识，推进昭君文化在国内外的实践创新，在国内日益生成跨区域的民族团结进步创建之合力，同时推进昭君文化走进国际文化交往交流舞台。总之，昭君文化有面向国内国际两个大局，助力铸牢中华民族共同体意识和推动构建人类命运共同体的文化功能，需要政学两界合力再创新和转化，使之服务时代需求。

再论秦直道是昭君出塞的最可能路线

王绍东（内蒙古大学历史与旅游文化学院）

昭君出塞是汉代历史上的大事，通过婚姻关系加强了汉匈之间的密切联系，为维护汉匈间的和平友好作出了贡献。昭君出塞的故事蕴含着丰富的历史内涵和文化内涵，昭君也受到了历代各界人士的同情、敬仰和赞颂。在昭君故事已经发展成为蔚为可观的昭君文化的今天，人们渴望更深入了解昭君历史的方方面面，对于昭君出塞相关的历史内容充满了探索的欲望。在《汉书》《后汉书》等早期史籍中，没有记载昭君出塞的具体路线。1986年，林幹先生在《试论王昭君艺术形象的塑造》一文中认为昭君出塞是沿着秦直道所在的郡治北上的。后来崔明德[1]、郝诚之[2]等研究和亲史与昭君文化的专家认为昭君出塞所行路线为秦直道。进入21世纪，山西省的学者靳生禾[3]、刘志尧[4]、刘溢海[5]等诸位先生提出了昭君出塞并非经过西线的秦直道，而是经过中线的通塞中路，也就是经过河东、太原、代、雁门关、杀虎口一线进入塞北的。对于此观点，王子今先生发表论文《关于王昭君北行路线的推定》[6]，本人亦发表文章《论秦直道是昭君出塞的最可能路线》[7]予以辩驳。随后，靳生禾[8]、刘妙[9]等先生再发表文章，申明昭君出塞经雁门关、杀虎口一线说。主张昭君出塞走通塞中路的学者列举的理由似乎越来越充分，但仔细拜读之，仍觉缺乏有力证据。遵循马寅初先生倡导的"学术问题贵乎争辩，愈辩愈明"[10]的态度，觉得该问题仍有辨析的必要，故撰此文，不妥之处敬请方家批评指正。

一、从"常事不书"看昭君出塞走秦直道的可能性

在汉朝的持续打击下，宣帝时期，匈奴内部出现了内外交困、内讧不断的局面。汉宣帝神爵二年(公元前60年)，虚闾权渠单于去世，颛渠阏氏与其弟左大且渠都隆奇发动政变，废掉虚闾权渠单于的儿子稽侯珊，改立右贤王屠耆堂为握衍朐鞮单于。"单于初立，凶恶，尽杀虚闾权渠时用事贵人刑未央等，而任用颛渠阏氏弟都隆奇，又尽免虚闾权渠子弟近亲，而以其子弟[11]代之"[12]。由于握衍朐鞮单于"暴虐杀伐，国中不附"[13]，匈奴内乱，"诸王并自立，分为五单于，更相攻击，死者以万数，畜产大耗什八九，人民饥饿，相燔

1　崔明德.关于王昭君的几个问题.烟台大学学报，1991（1）：21—28.

2　郝诚之.秦代直道的和平功能与昭君出塞的旅游价值.阴山学刊，2006（1）：59—64.

3　靳生禾.昭君出塞与蹄窟岭刍议.湖北民族学院学报，2009（6）：49—53.

4　刘志尧.昭君经武州塞出塞考释.三峡论坛，2010（3）：30—33、147.

5　刘溢海.昭君出塞路线考.三峡论坛，2012（6）：13—24.

6　王子今.关于王昭君北行路线的推定.西北大学学报，2014（30）：17—25

7　王绍东，郑方圆.论秦直道是昭君出塞的最可能路线.商丘师范学院学报，2015（4）：58—61.

8　靳生禾.昭君出塞路线考辨.中国历史地理论丛，2017（3）：30—35.

9　刘妙.昭君出塞线路考.语文学刊，2018（6）：12—20.

10　马寅初.我的哲学思想和经济理论·北京大学学报，1959（5）：55—94.

11　班固.汉书：卷九四上·匈奴传上.北京：中华书局，1962：3789—3790.

12　班固.汉书：卷九四上·匈奴传上.北京：中华书局，1962：3789—3790.

13　班固.汉书：卷九四上·匈奴传上.北京：中华书局，1962：3790.

烧以求食，因大乖乱"[14]。经过各路单于的征战厮杀，最后演变为郅支单于呼屠吾斯与呼韩邪单于稽侯珊的兄弟相争。郅支单于一度打败呼韩邪单于，并占据了单于庭。在生死存亡的情况下，呼韩邪单于接受了左伊秩訾王的建议，向汉朝称臣，希望得到汉朝的支持，凭借汉朝的帮助渡过危机，统一匈奴各部。汉宣帝甘露元年(公元前53年)，呼韩邪单于派遣其右贤王铢楼渠堂入汉为侍子，表达了附汉的强烈愿望，宣帝对此表示欢迎。第二年，呼韩邪单于"款五原塞"，表示明年春正月愿意亲自到长安朝见汉宣帝。呼韩邪单于是在走投无路的情况下表达附汉意愿的，汉朝不仅积极响应，还决定以极高的礼仪接待他。对此，呼韩邪单于自然感恩戴德，以实际行动表达附汉的真诚。甘露三年(公元前51年)春正月，呼韩邪单于如约进汉朝拜。《汉书·匈奴传》记载：

"明年，呼韩邪单于款五原塞，愿朝三年正月。汉遣车骑都尉韩昌迎，发过所七郡郡二千骑，为陈道上。单于正月朝天子于甘泉宫，汉宠以殊礼，位在诸侯王上，赞谒称臣而不名，赐以冠带衣裳，黄金玺盭绶，玉具剑，佩刀，弓一张，矢四发，棨戟十，安车一乘，鞍勒一具，马十五匹，黄金二十斤，钱二十万，衣被七十七袭，锦绣绮縠杂帛八千匹，絮六千斤。礼毕，使使者道(导)单于先行，宿长平。上自甘泉宿池阳宫。上登长平，诏单于毋谒，其左右当户之群臣皆得列观，及诸蛮夷君长王侯数万，咸迎于渭桥下，夹道陈。上登渭桥，咸称万岁，单于就邸，留月余，遣归国。单于自请愿留居光禄塞下，有急保汉受降城。汉遣长乐卫尉高昌侯董忠、车骑都尉韩昌将骑万六千，又发边郡士马以千数，送单于出朔方鸡鹿塞。诏忠等留卫单于，助诛不服，又转边谷米糒，前后三万四千斛，给赡其食"[15]。

呼韩邪单于第一次入汉朝拜，扣的是五原塞，汉宣帝于甘泉宫迎接，这两个地点分别是秦直道的终点和起点。所经过的七郡，《资治通鉴》胡三省注："七郡，谓过五原、朔方、西河、上郡、北地、冯翊而后至长安也。"[16]都在秦直道沿线。《资治通鉴》的作者司马光与注者胡三省都是严肃的历史学家，他们为撰写与注释《资治通鉴》呕心沥血，其严谨的学术态度得到了学界公认，再加上所处的宋元时代尚有比今天更多的资料供其参考，所述七郡当有相当的可信度。西汉时期，皇帝正常上朝议事的地点是在长安城西南部的未央宫。甘泉宫位于长安城西北部陕西淳化县，皇帝有特殊事情处理时才到这里办公。这次，汉元帝离开未央宫来到甘泉宫，就是为了迎接从直道而来的呼韩邪单于。《汉书》所述其余地点，甘泉宫、池阳宫、长平馆、渭桥、受降城、光禄塞、鸡鹿塞，均位于秦直道及其延伸线上，与秦直道关系密切。实际上秦始皇时期就在这里修筑了"望夷宫"，等待北方民族的臣服。汉武帝时期又修建了匈奴邸，这次汉宣帝就将呼韩邪单于安置在了匈奴邸。而相关记载中，没有留下走通塞中路的任何线索。当时呼韩邪单于与郅支单于竞争，匈奴尚未统一，为了保护呼韩邪单于的安全并表示对他的特殊恩宠，汉朝派骑都尉韩昌从长安迎接，并调发所经过的各郡每郡派出两千骑兵护卫。可以想见，如果呼韩邪单于走得是通塞中路，所过地区在出雁门关以前属于汉朝腹地，缺少了派兵护卫的必要性。另

14　班固.汉书：卷八·宣帝纪.北京：中华书局，1962：266.
15　班固.汉书：卷九四下·匈奴传下.北京：中华书局，1962：798.
16　司马光.资治通鉴：卷二七·汉纪一九.北京：中华书局，1956：886.

外，如果走通塞中路，未央宫位于通塞中路的起点，汉元帝理应在这里接见呼韩邪单于，而没有必要向西北绕行到秦直道的起点甘泉宫接见他。似乎可以确认，呼韩邪单于第一次来汉朝拜宣帝走的是秦直道。呼韩邪单于在汉留居月余，宣帝又派重兵原路护送返回匈奴故地。

通过历史文献留下的记载可以推断，呼韩邪单于第一次入汉朝拜往来都走得是秦直道。这是因为，秦直道是当时汉匈之间相互联系的一条最便捷的道路。秦直道修筑于秦朝，秦始皇三十二年(公元前215年)，派蒙恬发兵三十万北击匈奴，《秦始皇本纪》记载：

三十二年……西北斥逐匈奴。自榆中并河以东，属之阴山，以为(三)[四]十四县，城河上为塞。又使蒙恬渡河取高阙、(陶)[阳]山、北假中，筑亭障以逐戎人。徙谪，实之初县[17]。

秦朝夺取了匈奴河南地后，在这里设置郡县，建设城堡、修筑长城，并且要随时防御匈奴骑兵的侵袭，需要消耗巨大的人力物力，修筑一条从关中地区直通北方的道路，以便更快捷地调动军队和物资，支援北方边疆建设，就成为一项迫切任务。"三十五年，除道，道九原抵云阳，堑山堙谷，直通之"[18]。秦直道的修筑对秦朝造成了巨大的消耗，亲身考察过北方长城与秦直道的司马迁对此深有感触。他说："吾适北边，自直道归，行观蒙恬所为秦筑长城亭障，堑山堙谷，通直道，固轻百姓力矣。"[19]秦直道经过了"堑山堙谷"的巨大工程，所以才能直通北方。相比于其他道路，秦直道的修筑，使关中地区与北方地区的联系距离更短、更便捷，因此也被称为古代中国的一条军事高速公路。如果真如靳生禾先生所认为的那样，"西路距离、行程近于中路"[20]，则没有耗费巨大国力修筑直道的必要了。

整个秦汉时期，秦直道都得到了良好的维护。秦始皇三十七年(公元前210)，他第五次巡游，崩于沙丘平台，李斯、秦二世仍然带着始皇的尸体经由直道返回咸阳。顾炎武认为，秦始皇生前有巡视直道计划，胡亥、李斯为了掩盖秦始皇的死讯，保证政变成功，所以仍选择直道返回首都。汉武帝曾经两次到直道的终点九原地区巡视，一次是元鼎五年(公元前112年)，"于是上北出萧关从数万骑，猎新秦中，以勒边兵而归"[21]。两年后的元封元年(前110年)，在征服南越与东瓯后，汉武帝再次巡视北方边境，"行自云阳，北历上郡、西河、五原，出长城，北登单于台，至朔方，临北河。勒兵十八万骑，旌旗径千余里，威震匈奴"[22]。秦皇、汉武均由直道到北方地区巡视，说明直道的良好通行条件，这种情况到汉宣帝、汉元帝时期并无改变，所以呼韩邪单于第一次到汉朝朝拜，无论往返都选择了秦直道。

呼韩邪单于第一次朝见汉宣帝北归，不仅得到了汉朝的军事支援，而且得到了粮食援助，摆脱了自身的困境，稳定了岌岌可危的局势。就在呼韩邪单于附汉的同时，郅支单于

17　司马迁.史记：卷六·秦始皇本纪.北京：中华书局，1959：253.

18　司马迁.史记：卷六·秦始皇本纪.北京：中华书居，1959：256.

19　司马迁.史记：卷八·蒙恬列传.北京：中华书局，1959：2570.

20　靳生禾.昭君出塞与蹄窟岭刍议：49—53.

21　司马迁.史记：卷三〇·平准书：1438.

22　班固.汉书：卷六·武帝纪：1890.

也派使者向汉朝奉献，表达了强烈的附汉愿望。为了占得先机，拉近与汉朝的密切关系，呼韩邪单于两年后于黄龙元年(公元前49年)再次来到长安朝见汉宣帝。

> 是岁，郅支单于亦遣使奉献，汉遇之甚厚。明年，两单于俱遣使朝献，汉待呼韩邪使有加。明年，呼韩邪单于复入朝，礼赐如初，加衣百一十袭，锦帛九千匹，絮八千斤。以有屯兵，故不复发骑为送[23]。

呼韩邪单于第二次来朝的往返路线，应该与第一次完全相同，也就是由五原入塞，经直道甘泉宫朝见汉宣帝，然后沿原路返回，并留居于光禄塞下，靠汉朝的帮助防御郅支单于。只是这次汉朝因为在沿途已设军队屯驻，就没有再专门派骑兵护送。

两次朝汉后，呼韩邪单于得到汉朝的帮助，在漠南地区站稳了脚跟后，又回到漠北的单于庭，郅支单于则转向西域地区。汉朝西域都护、骑都尉甘延寿、副校尉陈汤在康居斩杀郅支单于，为呼韩邪单于除掉了这一强劲对手。

呼韩邪单于听到郅支单于被诛的消息，"且喜且惧"[24]。立即上书汉元帝，表示愿意再次入汉朝拜。竟宁元年(公元前33年)，呼韩邪单于第三次来到汉朝，汉元帝不仅给予他加倍的赏赐，而且把"后宫良家子王墙字昭君赐单于"[25]，根据《后汉书》的记载，连王昭君在内共有五位宫女供呼韩邪单于选择。王昭君因为异常美丽，"丰容靓饰，光明汉宫，顾景裴回，竦动左右"[26]，而被呼韩邪单于选中。对于这次呼韩邪单于入汉的路线及携带昭君一行出塞的路线，《汉书》与《后汉书》均缺乏记载，这也成为王昭君出塞路线争议的根源。但我认为，分析史籍，昭君出塞最可能的路线仍是秦直道。

首先，选择出入汉朝路线的决定性人物应是呼韩邪单于。呼韩邪单于归附汉朝，结束了汉匈间的长期敌对状态，汉宣帝、汉元帝以极高的礼仪对待他，并给予其部尽可能地援助，帮助他统一了匈奴各部。在往返汉朝的路线选择上，元帝理应尊重呼韩邪单于。呼韩邪单于听说汉朝斩杀了郅支单于后，急于朝汉，就是向汉朝表示忠心，自然会选择最熟悉、最便捷的道路，最大的可能仍是选择秦直道。郅支单于被杀后，呼韩邪单于需要尽快带昭君回去，显示汉朝对自己的支持，便于整合匈奴各部，巩固自己的政治统治，自然还会选择最熟悉、最便捷的直道返回漠北单于庭。

主张昭君出塞走通塞中路的学者，多从昭君的角度考虑，认为走雁门关、杀虎口一线气候更加温暖，沿途居民更多，更有物资保障。实际上，在汉元帝眼里，昭君远没那么重要。昭君只是元帝后宫中千百个宫女中的一员，她"入宫数岁，不得见御，积悲怨"[27]，是元帝送给呼韩邪单于的礼物。昭君的地位日显重要，是因为得到了呼韩邪单于的宠爱，并且后来在汉匈关系中发挥了重要作用。在返回塞外路线的选择上，呼韩邪单于自然会起到决定性作用，如前所述，呼韩邪单于急于返回漠北，自然不会选择绕路而行的。我们看到，呼韩邪单于第一次入汉朝拜，尚且在匈奴邸中停留了一月有余，而迎娶昭君时，则没有这样的记载，也说明他的返乡心情之切。

23 班固.汉书：卷九四下·匈奴传下：3798—3799.

24 班固.汉书：卷九四下·匈奴传下：3803.

25 班固.汉书：卷九四下·匈奴传下：3803.

26 范晔.后汉书：卷八九·南匈奴列传，北京：中华书局，1965：2941.

27 范晔.后汉书：卷八九·南匈奴列传：2941.

昭君出塞，胡汉和亲，无论对于汉王朝还是匈奴来说，都是一件重大的事情，何以对于这次呼韩邪单于往返的路线没有明确地记载呢?如果回到中国史书的撰写传统中，这个问题可以得到很好的解释。中国史书撰写有着古老的"书异不书常"的传统，也就是《公羊传》所说的春秋之法"常事不书"[28]。著名史学家吕思勉先生指出："常事不书，为史家公例。盖常事而亦书之，则有书不胜书者矣。考古之士，每以欲求前代寻常之情形而不可得，遂以此致怨于古人;然使其自为一史，即亦将寻常事务，于无意中略去，以此为天然条例，凡执笔者皆莫能自外也。"[29]以此原则揆诸昭君出塞路线的记载，可以发现，呼韩邪单于第一次入汉朝拜，对于其往返汉朝路线记载的是相对清晰的，也就是在汉朝军队的一路护送下，经秦直道往返于汉匈之间。以后呼韩邪单于再入汉朝拜，行进路线没有变化，也就没有必要重复记载了。这从呼韩邪单于第二次入汉朝拜的记载中也可以得到证实。此次往返汉匈之间的路线如同第一次，所以没有详记，但其中的变化是，"以有屯兵，故不复发骑为送"，对于这种变化是需要交代清楚的。至于呼韩邪单于第三次入汉朝拜的路线，因为等同于前两次，这在当时已属"常事"，故史书中无须再加记载。如果昭君出塞选择了与以前不同的路线，那就属于"异事"了，史书缺载的可能性是不大的。

二、关于匈奴右皋林王伊邪莫演入汉返程路线的辨析

主张昭君出塞选择通塞中路的学者认为最重要的一条证据，就是在汉成帝河平元年(公元前28年)，复株累单于派遣右皋林王伊邪莫演到汉朝奉献朝拜，"既罢，遣使者送至蒲反"("蒲"字，它书或为"蒲")。据此，刘妙先生考证认为："蒲反，即蒲坂，在今山西永济县西蒲州，黄河拐弯处。相传虞舜都此。春秋属晋，战国属魏。秦置永济县。西汉作蒲反。有风陵渡，隔河与陕西潼关相对。为河东通往关中的要冲。"途径蒲反，显然伊邪莫演选择的返程路线是通塞中路，而不是秦直道。刘妙先生进一步推断："匈奴右皋林王伊邪莫演到西汉进贡，并参加元旦的朝贺大典，是在昭君出塞后的五年多的时间里，是属于匈奴一统的同一时空。匈奴右皋林王从长安到潼关过风陵渡，这是一条非常古老的道路。"[30]刘妙先生和靳生禾先生都据此反推，昭君出塞的路线也应该就是这条路线。

颜师古在《汉书注》中认为，蒲反是在"河东之县也"[31]。按照颜师古的注释，蒲反很可能是刘妙先生所考证的位于通塞中路的要冲之地——位于山西永济县的蒲坂，如此可以确定，伊邪莫演这次返回匈奴走得就是通塞中路，而不是秦直道。即便如此，也不能简单推定昭君出塞走的也是这条路线。实际上，匈奴右皋林王返程路线的选择大有周章，是特殊情况下的特殊选择，我们依据史料试做分析。

河平元年，单于遣右皋林王伊邪莫演等奉献朝正月，既罢，遣使者送至蒲反。伊邪莫演言："欲降。即不受我，我自杀，终不敢还归。"使者以闻，下公卿议。议者或言宜如故事，受其降。光禄大夫谷永、议郎杜钦以为："汉兴，匈奴数为边害，故设金爵之赏以待降者。今单于诎礼称臣，列为北藩，遣使朝贺，无有二心，汉家接之，宜异于往时。今既享单于聘贡之质，而更受其逋逃之臣，是贪一夫之得而失一国之心，拥有罪之臣而绝慕义之

28　春秋公羊传注疏：李学勤主编.十三经注疏.(八).北京大学出版社标点本，1999：79.

29　吕思勉.史学四种；上海人民出版社，1981：108.

30　刘妙.昭君出塞线路考；12—20.

31　班固.汉书.卷九四下·匈奴列传下；3808.

君也。假令单于初立，欲委身中国，未知利害，私使伊邪莫演诈降以卜吉凶，受之亏德沮善，令单于自疏，不亲边吏；或者设为反间，欲因而生隙，受之适合其策，使得归曲而直责。此诚边境安危之原，师旅动静之首，不可不详也。不如勿受，以昭日月之信，抑诈谖之谋，怀附亲之心，便"。对奏，天子从之。遣中郎将王舜往问降状。伊邪莫演曰："我病狂妄言耳。"遣去。归到，官位如故，不肯令见汉使[32]。

匈奴右皋林王伊邪莫演在返程路上，提出了欲投降汉朝，不愿返回匈奴的要求，并且以汉朝不接受，宁愿自杀来表明坚决的态度。伊邪莫演提出这一要求肯定不是临时起意，而是久有预谋的。对于希望留在汉地的他来说，选择回程路线时，肯定要找一条距离匈奴故地较远、路途更曲折的道路，从而获得心理上的一种安全感。那么，选择通塞中路比选择秦直道无疑更有利。在离开长安不久，他就提出了坚决投降汉朝的请求。当汉朝经过讨论，认为维护汉匈间友好关系是大局，毅然拒绝了伊邪莫演的降汉请求。

值得关注的是，被汉朝拒绝后，伊邪莫演以"我病狂妄言耳"加以掩饰。这一借口或是他早就想好的在汉朝不接受的情况下，对复株累单于的说辞。对于一个有狂病说胡话的人来说，他的决定必然不符合常理。那么，选择一条与匈奴使团平时返程不同的路线，也是违背常理的行为举动。伊邪莫演放弃秦直道，而选择通塞中路返程，既有利于他投降汉朝的要求，也能为被拒绝后说明自己思维已经不正常找借口，这或许是他没有和昭君出塞一样选择秦直道返程的主要原因。

还有一件值得深思的事，那就是，元旦朝会之后，汉朝为什么会派使者护送伊邪莫演到蒲反。呼韩邪单于附汉后，汉匈之间往来频繁。由于路途遥远，一般来说，每次出使都会选择曾经出使过并熟悉道路的人同行。在《汉书·张骞传》中也记载，汉武帝喜欢任用熟悉道路的人为出使西域各国的使者。如果汉匈之间在此之前的往返道路就是通塞中路，必然会有非常熟悉道路的人在使团之中，也就无需汉朝派使者导送了。汉朝之所以派使者导送，很可能是因为使团中没有匈奴人走过这条新选择的道路，进一步说明伊邪莫演走的是一条不同于前人的道路。当伊邪莫演提出降汉的要求，汉朝为了表示反对这样的行为，就在中途把导送的使者撤回了。综上所述，匈奴右皋林王伊邪莫演选择的是一条不同于昭君出塞的返程道路，更多是由他欲降汉的行为所导致的。

三、关于昭君从通塞中路出塞的相关论点辨析

主张昭君出塞走通塞中路的学者，还提出了许多理由，力图坐实自己的论点，但仔细拜读他们的论说，仍感觉多有牵强之处。

1. 两条道路的径直迂远辩说

靳生禾先生在《昭君出塞路线考辨》一文中认为，按照胡三省在《资治通鉴》注中所列举的直道所经之郡，将各郡治的经纬度加以标列，则完全不在一条线上。"倘若将上列诸郡用线条连缀起来，则呈现的是一幅东拉西扯的'之'字形的典型之'S'形，即无论从什么视角看，都无法构成一条线，一言以蔽之，当年呼韩邪单于偕昭君乃至此前他来长安朝汉往还，怎么可能走此不成线的路线而偏要如此蹉跎舍近求远呢？"他认为:反而再看通塞中路所经过的各郡郡治，如果按经纬度加以连接，"尽管呈现的远非直线，而是一条弧形线，却毕竟是一条循序可行的路线，而且是一条由河东郡至代郡大体呈南北向，由代

32　班固.汉书：卷九四下·匈奴传下：3808.

郡至五原郡则又大体呈东西向，虽然弯曲，却毕竟成一条相对直而可循而行的路线"[33]。按照靳生禾先生的分析，昭君出塞走秦直道迂回曲折，而走通塞中路是一条捷径。不仅昭君出塞走的是通塞中路，而且呼韩邪单于几次朝汉，也不可能走秦直道。

然而靳生禾先生所连之线，不是按照道路连接的，而是将道路所经地区的郡治加以连接，然后再判断其是径直还是曲折。我们知道，呼韩邪单于偕昭君出塞，目的就是尽快返回漠北单于庭，而不是一定要到所经之地的郡治。秦直道本身是一条从云阳到九原，经过开山填谷修筑的南北直通的道路，沿途都有比较完备的防护与后勤供应设施及条件。我们很难想象，急于返回漠北的呼韩邪单于及王昭君一行，每到一郡就要离开直道来到郡治，然后再返回直道。这是帝王巡视地方才做的事情，呼韩邪单于与王昭君完全没有这样行路的理由。靳生禾先生也认为，走通塞中路，本身就不是一条径直的道路，先要南下，然后再东向，北向、再西向，是一条弯曲的弧形线。毫无疑问，走秦直道才是一条捷径。

2. 直道气候环境恶劣辩说

主张昭君出塞走通塞中路的学者，大多秉持这样的观点，那就是走秦直道沿途气候环境十分恶劣，其舒适性和安全性远非通塞中路可比。靳生禾先生指出："走秦直道特别是还必须穿越广袤的毛乌素沙漠、库布齐沙漠以及横渡'无风三尺浪'的天堑黄河……尽管是捷径，却又是极不便亦远非'安全'之路。"[34]对于这一问题，王子今先生已经在《关于王昭君北行路线的推定》一文中进行了辨析。主要观点是，历史研究和考古发现均已证明，秦汉时期直道沿线的环境远非后来那么恶劣。在鄂尔多斯地区，秦汉时期设置了众多郡县，并且人口密度也很大。当时库布齐沙漠还没有形成，毛乌素沙漠的面积也比后来小得多，秦直道只是走过毛乌素沙漠的边缘。"在西汉时期气候较现今温暖湿润的情况下，直道北段因为'沙漠'以致'人畜行旅维艰'的想象并不符合历史事实。"至于走秦直道要渡过风大浪急的黄河天堑，王子今先生则考证说，早在汉武帝时期，为了打击匈奴，已经命令卫青"梁北河"，也就是在九原地区的黄河段修筑桥梁，并且可以供大军通行了。"当时的'度河'方式，却未必一定要'乘舟北渡'。以交通史的视角考察秦汉桥梁建造技术，可以推知当时应当已经有黄河浮桥沟通南北，而使得九原与云阳实现高效率的交通连接"[35]。

刘妙先生在《昭君出塞线路考》一文中，则提出了另一观点。"根据昭君于农历正月出塞的时间景，东渡黄河的线路海拔较低，相对温暖，可以避开春寒料峭的气候。推论精心'打造'胡汉和亲的汉元帝，要为昭君出塞选择一条温暖的线路"[36]。如前所述，昭君出塞是一个政治事件，作为封建帝王，汉元帝可能更关注的是事件的主角呼韩邪单于，而不是任由呼韩邪单于从5名宫女中挑选出的一个王昭君。对于只有一面之缘的王昭君，汉元帝或许因为她的美貌而心起涟漪，也只是仅此而已。如果元帝真的对昭君情真意切，甚至为她考虑旅途的舒适、安全、环境、气候等事无巨细的大小问题，关怀无微不至，那么，作为帝王，他完全可以找理由留下昭君而代之她人。

昭君出塞事件的主角是呼韩邪单于，对于呼韩邪单于来说，他生活在大漠草原，无论走哪条路线，都会比漠北草原环境更适宜，气候更温暖，完全没有考虑上述问题的必要

33　靳生禾.昭君出塞路线考辨：30—35.

34　靳生禾.昭君出塞路线考辨：30—35.

35　王子今.关于王昭君北行路线的推定：17—25.

36　刘妙.昭君出塞线路考：12—20.

性。如果一定要为昭君考虑，昭君出塞的目的地是漠北单于庭。担心路途环境恶劣、气候寒冷，却最终要把她送往"少草木，多大沙"[37]的漠北之地，岂不是充满了矛盾。

3. 通塞中路沿线多昭君传说辩说

主张出塞路线为通塞中路的学者，认为沿线多昭君传说故事是有力佐证。如果仔细考察这些故事的记述，大多是在清代雍正年间至光绪年间编修的山西省地方志中，不惟记述年代后起，而且对故事本身大多也加上了"相传"二字，说明当时的记述者也明确这些记述只是传说，而不是真实的历史。正如王子今先生所指出的那样："其实，文学作品中透露的信息往往有史学价值，但是需要以历史主义眼光认真审视和甄别。传说的生成和影响是值得重视的文化现象。然是否符合历史真实，也需要仔细地考察和鉴别。"[38]实际上，有关昭君的传说故事遍及昭君故里和北方民族地区，大大小小的昭君墓也有若干个。而雁门关一带自古以来就是中原王朝与北方民族反复征战之地，这里的人们对和平更加珍惜，也无比渴望昭君式的人物出现以消弭战争。"人们出于对昭君的热爱、敬重、同情、歌颂、赞美的心理，希望昭君与自己的故乡发生联系，从而创造了各种有关的故事。这些故事，反映的往往不是历史的真实，更多表现的是人们心灵的期冀与情感的表达"[39]。实际上，在农牧交错的北方长城地带，多有昭君出塞的故事流传，甚至多有被称为"昭君墓"的建筑，同样体现了这样的文化特征和人民的意愿表达。需要申明的是，我们并不认为秦直道是汉匈之间交往的唯一通道，根据历史文献记载，通塞中路也是汉匈交往的一条重要道路。特别是汉朝皇帝在未央宫接见匈奴使者时，走通塞中路确实有很大的可能性。至于说到昭君出塞，通过分析可以推断，秦直道仍是最可能的路线。

对于昭君出塞路线的争议，反映了昭君文化研究的深化，也体现出各地人们对昭君的热爱及对家乡历史文化的热爱。昭君的出塞路线只能有一条，而昭君文化的传播路线则有很多条，无疑通塞中路是昭君文化的重要传播线。值得强调的是，昭君文化蕴含着历史的昭君、文学的昭君和文化的昭君，在不同的研究语境下，应该适用不同的研究方法和不同的研究证据。

37　班固.汉书：卷九四下·匈奴传下：3803.

38　王子今.关于王昭君北行路线的推定：17—25.

39　王绍东，郑方圆.论秦直道是昭君出塞的最可能路线：58—61.

昭君文化符号生成原因考

王前程（三峡大学文学与传媒学院）

一、平民女子的家国情怀是昭君文化符号生成的基础

远在王昭君之前的先秦时代，家族之间、诸侯国之间、华夏与蛮夷戎狄之间就产生过政治联姻性质的和亲活动，"和亲"一词亦常见于先秦典籍，但民族之间名副其实的和亲则始于西汉初期。汉初六年(公元前201)，刘邦亲率大军出击匈奴，结果被冒顿单于精骑围困于平城七天七夜，险遭不测，史称"平城之围"或"白登之围"。为了消除匈奴铁骑对于汉朝的威胁和骚扰，刘邦委曲求全，采纳了刘敬的和亲之策，即将公主嫁给单于，使汉与匈奴成为翁婿关系。当时因吕后哭阻公主远嫁，便以宗亲女儿假冒公主远嫁大漠。此后西汉一百六十多年间，大多数时候皆延续和亲政策，见载于《史记》《汉书》等早期史籍的女性和亲活动达十数次，只是这些和亲女子的名字湮没无闻。

西汉竟宁元年(公元前33)，汉元帝遣送王昭君出塞和亲。《汉书》《后汉书》等史籍均记录了昭君和亲事件，如《汉书·元帝纪》曰："竟宁元年春正月，匈奴呼韩邪单于来朝。诏曰：'匈奴郅支单于背叛礼义，既伏其辜，呼韩邪单于不忘恩德，向慕礼义，复修朝贺之礼，愿保塞传之无穷，边陲长无兵革之事。其改元为竟宁，赐单于待诏掖庭王樯为阏氏。'"[1]《后汉书·南匈奴列传》亦载："昭君字嫱，南郡人也。初，元帝时，以良家子选入掖庭。时呼韩邪来朝，帝敕以宫女五人赐之。昭君入宫数岁，不得见御，积悲怨，乃请掖庭令求行。"[2]

由史载可见王昭君是良家子出身，其后宫身份为待诏。所谓"良家子"，按唐人司马贞《史记索隐》注《李将军列传》引三国学者如淳之言曰："非医、巫、商贾、百工也。"[3]说明昭君为出身清白的普通人家的子女，如农家子弟、士人子弟、军人世家子弟等。所谓"待诏"，按唐人颜师古注《汉书·元帝纪》引汉末学者应劭之言曰："郡国献女未御见，须命于掖庭，故曰待诏。王樯，王氏女，名樯，字昭君。"[4]可见，昭君是等待皇帝诏令觐见的后宫女子。历代封建王朝后宫女子名义上都是皇帝的妻妾，都有被宠幸而富贵的机会，然而后宫女子成百上千，等级森严，西汉后宫嫔妃分昭仪、婕妤等十四个等级，待诏远在十四等之下，大多数掖庭待诏一辈子都难以等到皇帝诏命，其心境难免凄凉，魏晋文人说昭君"积悲怨"是大体符合实际情形的。这充分说明王昭君在出塞之前出身平民家庭，在西汉后宫中亦是毫无地位的普通宫女。汉初刘敬与匈奴结和亲之约，是以汉公主"妻单于"。西汉和亲女子虽然真公主不多，但大多是"诈称公主"的宗室女、宗人女、外戚女，即和亲女子均有较高贵的出身地位，出宫和亲之前皆赐以"公主"名号。而王昭君则是唯一一个名载史册的平民出身的普通宫女，身份清白而卑微正是昭君作为和亲女子的独特之处。

在家天下的封建时代，享受尊荣富贵的皇亲国戚为朝廷分忧或承担某种政治任务是理所当然的职责。远嫁乌孙国王的细君公主不习惯乌孙国子孙妻其后母的习俗，上书朝廷要

---

1 汉书：卷九·元帝纪.北京：中华书局，1962年点校本（1册）：297.

2 后汉书：卷八十九·南匈奴列传.北京：中华书局，1965年点校本(10)：2941.

3 史记：卷一百·李将军列传.北京：中华书局，1959年点校本（9）：2867.

4 汉书：卷九·元帝纪（1）：297.

求返回汉朝，武帝则直接诏令其履行责任和义务："从其国俗，欲与乌孙共灭胡。"[5]作为一位并未享受荣华富贵生活的平民女子，王昭君永别故乡亲人，勇敢地履行了原本由贵族女子履行的和亲职责，出色地完成了和睦汉匈两大民族的使命，成为震动西汉朝野的和亲大使。如果没有深厚的家国情怀与可贵的大局观念，王昭君在民族关系史上是难以作出特殊贡献的。今天从原始史籍中找不到昭君表现家国情怀和全局观念的片言只语，但有一个基本史实可以说明问题，即昭君的子女亲属无不是民族和亲的积极支持者。根据诸多学者的推算，昭君大约死于汉哀帝建平年间(公元前6年至前2年)，在匈奴生活了将近三十年，三十年来汉匈民族一直和睦相处，相亲友好。而昭君死后情况如何呢?《汉书·匈奴传》载："乌珠留单于立二十一岁，建国五年死。匈奴用事大臣右骨都侯须卜当，即王昭君女伊墨居次云之婿也。云常欲与中国和亲，又素与咸厚善，见咸前后为莽所拜，故遂越舆而立咸为乌累若鞮单于。……云、当遂劝咸和亲。天凤五年，云、当遣人之西河虎猛制虏塞下，告塞吏曰欲见和亲侯。和亲侯王歙者，王昭君兄子也。"[6]这段文字粗略记述了昭君死后二十余年中昭君亲人从事汉匈和亲的活动情况，足见王昭君不忘言传身教，在后代中播撒民族和平友好的种子，其浓烈的家国意识和爱国情感深刻地影响了其子女亲属。尽管王莽时代执行了歧视性的民族政策，极大地伤害了匈奴民族的自尊心，但昭君子女亲属为修复被王莽破坏的汉匈关系，常常不辞辛劳奔走于长城内外，许多亲人还为此付出了宝贵的生命。

一个出身卑微的汉家女子，不远万里奔赴大漠，出色地完成了汉王朝交托的民族和亲使命，无论是从国家政治层面上还是从世俗情理上论，都是极为令人感叹的大事件，因而自然会成为广大民众高度关注的热门话题。历代文人在反复歌咏和描述中常常强调昭君是来自乡野、出身卑微的奇女子，亦充分说明了这一社会审美心理。如薛道衡《昭君辞》："我本良家子，充选入椒庭"，杜甫《咏怀古迹》(其三)："群山万壑赴荆门，生长明妃尚有村"，白居易《过昭君村》："亦如彼姝子，生此遐陋村"，马致远《汉宫秋》："祖父以来务农为业，闾阎百姓"，郭天锡《明妃曲》："君不见王昭君，家住子规啼处村"……无不对昭君这位出生村野的奇女子表达了热切的关注和由衷的赞叹。而这位奇女子的奇不单单表现在令人惊艳的美貌上，更表现在令人惊叹的心灵美上。无论是历代诗人的诗歌创作，还是戏曲家的舞台艺术，王昭君常以忧国忧民、甘愿舍弃个人幸福的爱国者形象出现。如郑舜卿《昭君曲》："但愿夕烽常小惊甘泉，妾身胜在君王边"，许棐《明妃》："能为君王罢征戍，甘心去伴莽胡尘"，马致远《汉宫秋》："妾情愿和番，得息刀兵，亦可青史留名"，卢昭《题昭君出塞图》："此去妾心终许国，不劳辛苦汉三军"等，无不高度赞扬了昭君爱国爱民、顾全大局、勇于奉献的家国情怀。直至民国时期，著名学者胡适还以"中国爱国女杰王昭君"为题，为王昭君作传记，热情洋溢地讴歌了"王昭君的爱国苦心"[7]。毫无疑问，历代文人和广大民众对于昭君奇女子身份的高度关注，对于昭君深厚家国情怀的激情礼赞，有力地推动了昭君和亲故事的传播，促进了昭君文化符号的生成和发展。

5　汉书：卷九十六下·西域传（12）：3904.

6　汉书：卷九十四下·匈奴传（11）：3826–3827.

7　胡适.中国爱国女杰王昭君传.胡适全集：（19）.合肥:安徽教育出版社，2007：619.

二、远嫁匈奴的艰辛使昭君出塞成为伟大民族精神的象征

中国自古以来便是一个不断发展的多民族国家，各族人民共同创造了灿烂的中华文化，而农耕文化和游牧文化是构成中华文化最核心的两大元素。以汉族为主体的内地各民族创造了农耕文化，生活于草原戈壁沙漠地带的边疆游牧民族则创造了游牧文化，两大文化经过数千年的冲突、碰撞、交流、交融，最终形成了多元一体的中华文化。在中国古代极富影响力的游牧民族是匈奴、羌、吐蕃、鲜卑、突厥、契丹、女真、蒙古等，而早期最具代表性的游牧民族无疑是匈奴。

勇敢尚武的匈奴等游牧民族早已融入中华民族大家庭中，为中华民族注入了不可或缺的新鲜血液。但在早期激烈碰撞和频繁交往中，匈奴等游牧民族给华夏民族的印象多半是负面消极的。首先，认为他们生活环境恶劣，饮食习惯粗陋。西汉桓宽《盐铁论》云："匈奴处沙漠之中，生不食之地，天所贱而弃之，无坛宇之居、男女之别。"[8]司马迁《史记·匈奴列传》云："自君王以下，咸食畜肉，衣其皮革，被旃裘。壮者食肥美，老者食其余。"[9]在汉人眼中，匈奴之国风沙漫漫，气候酷寒，绝非人类宜居地;他们整天与牛羊马驴为伍，衣旃裘，住穹庐，生吃畜肉、贱视老弱的现象十分普遍，与汉人蒸煮五谷、优先老弱的习俗大异。其次，认为他们文化风俗极其野蛮落后，其心性行为如同禽兽，这也是最根本最负面的思想认识。远在周秦时代，中原民族就将北方游牧民族视为野蛮族类。《国语·周语》云："夫戎狄冒没轻儳，贪而不让，其血气不治，若禽兽焉。"[10]《左传·闵公元年》云："戎狄豺狼，不可厌也。"[11]到了汉代，人们对匈奴等游牧民族的偏见更是有增无减。《史记·韩长孺列传》载韩安国之言曰："匈奴负戎马之足，怀禽兽之心……自上古不属为人。"[12]《汉书·匈奴传》记大臣季布对吕后说："夷狄譬如禽兽，得其善言不足喜，恶言不足怒。"[13]又记武帝时期的使者讥刺匈奴"收继婚"习俗说："常妻后母，禽兽行也。"[14]可见，汉人对于匈奴等游牧民族的消极看法极为突出，不管今天的人们如何评价这类消极看法，但它是当时颇具代表性的思想认识。作为一个卑微的汉家弱女子，昭君远离家国父母，身赴天寒地冻、风沙摧面之境，衣毡裹皮，食肉饮酪，同"怀禽兽之心"的部族为伍，还要面对有悖汉人伦理的"妻后母"的难堪，这本身就意味着莫大的艰辛、痛苦与牺牲。学者崔明德曾说："从汉匈和亲到唐懿宗第二女安化公主嫁给南诏王隆舜(公元883年)共1003年中的112次和亲，没有一位和亲公主是含笑颜出塞或入塞的，我们所能见到的只是泪水、哀叹和悲伤。……就王昭君出塞时的心态而言，只能是悲伤、泪水，绝不是含笑颜出塞。"[15]诚然，面对恶劣的生存环境及印象相当负面的匈奴部族，王昭君出塞和亲时很难说心情畅快。

然而，悲伤的泪水并不代表着畏惧与屈服，王昭君不仅永别了父母亲人，远赴风沙寒凉之地履行了和亲职责，而且还生儿育女生活了三十年，如果没有坚强的性格、吃苦耐劳的精神、适应恶劣环境的能力，仅仅依仗心中的家国情怀，恐怕很难长期支撑下去。我们

---

8 桓宽.盐铁论:卷七·备胡.北京：中华书局，2017：243.

9 史记:卷一百十·匈奴列传.（9）：2879.

10 徐元诰撰.王树民,沈长云点校.国语集解.北京：中华书局，2002：58.

11 杨伯峻.春秋左传注.北京:中华书局，1990年，第256.

12 史记:卷一百八·韩长孺列传.（9）：2861.

13 汉书:卷九十四上·匈奴传.（11）：3755.

14 汉书:卷九十四上·匈奴传.（11）：3780.

15 崔明德.中国古代和亲通史.北京：人民出版社，2007：82.

不妨将昭君和亲与汉唐时期几位著名公主和亲做个比较，就能清楚地看到昭君身上非凡的勇毅精神。

同众多和亲公主相比，昭君的孤弱感和凄苦感更甚于她们(少数乱世和亲公主惨遭杀害另当别论)。一是昭君无法像公主们那样受到特殊关照。在历代著名和亲女子中，昭君之前有和亲乌孙的细君公主与解忧公主，昭君之后有和亲吐蕃的文成公主与金城公主，她们出塞之前皆有公主封号，身份显贵，出塞之时都受到皇家特殊关爱。细君公主出塞时，汉武帝为她准备了极其丰厚的妆奁，配备的属官、宦官、乐工和侍者竟达数百人。解忧公主接替细君公主和亲乌孙，其出塞时的待遇史籍无载，但应与细君公主相当。文成公主由江夏王李道宗亲自持节护送入藏，沿途受到盛大欢迎，入藏后松赞干布为其举行了隆重的迎亲仪式。金城公主入时仪式更为隆重，吐蕃派遣一千多名迎亲使者，唐中宗亲自为其送行，还令随从大臣们"赋诗饯别"。而昭君出塞时虽然也受到汉元帝重视，但从《汉书》两处记载"赐单于"的诏令来看，昭君远嫁带有以特殊礼物恩赐单于、安抚匈奴的性质，其待遇不可能同公主们比肩。二是昭君出塞后的游牧生活远比公主们艰苦辛劳。匈奴民族"逐水草迁徙，无城郭常处耕田之业"[16]，即常常过着迁徙流动的生活，惯宿穹庐，不以建造固定居所为业。可见昭君远嫁大漠后常随部族迁徙不定，对于一个汉家弱女子而言，其颠沛艰辛可想而知。乌孙和吐蕃虽亦属游牧民族，但他们不像匈奴部族那样乐于迁徙，而是过着以城堡聚居为主的生活。《汉书·西域传》载:细君公主至乌孙国，还能"自治宫室居……公主悲愁，自为作歌曰:'吾家嫁我兮天一方，远托异国兮乌孙王。穹庐为室兮旃为墙，以肉为食兮酪为浆。居常土思兮心内伤，愿为黄鹄兮归故乡。'天子闻而怜之，间岁遣使者持帷帐锦绣给遗焉"[17]。《新唐书·吐蕃传上》载:弄赞(松赞干布)亲迎文成公主归国都(今西藏拉萨)，"为公主筑一城以夸后世，遂立宫室以居"[18]。金城公主"至吐蕃，自筑城以居。……请河西九曲为公主汤沐"[19]。足见细君等和亲公主过着深居宫室的安逸生活，还能常常得到朝廷的馈赠和慰藉，这是迁徙无常的王昭君难以想象的。不单如此，公主们一旦不如意或年老体衰，便可直接上书皇帝，要求回归故土，解忧公主还得到朝廷特别恩准:"公主上书言年老土思，愿得归骸骨，葬汉地。天子闵而迎之，公主与乌孙男女三人俱来至京师。是岁，甘露三年也。时年且七十，赐以公主田宅奴婢，奉养甚厚，朝见仪比公主。"[20]如此优厚的待遇也是王昭君不能比拟的。许多学者根据《后汉书·南匈奴列传》中"昭君上书求归，成帝敕令从胡俗，遂复为后单于阏氏"[21]的记载，便认为昭君着公主一般的特殊地位。其实，《后汉书》有关昭君的记载多杂糅野史杂记，难为信据。汉朝和亲匈奴非始于昭君，匈奴妻母之俗早已闻于昭君出塞之前，知晓匈奴习俗的昭君自然做好了适应匈奴婚俗、终生生活于大漠的心理准备，不大可能向皇帝上书求归，非公主的卑微出身也不大可能具有这样的特殊权益。故而，与昭君时代相近的史学家班固便无昭君上书求归的只字片语，范晔所言不过是由《汉书·西域传》细君公主事推衍而来。

由此可知，远嫁匈奴的昭君付出了更多的牺牲与担当，她面临的艰难困苦要比若干和

16　史记:卷一百十·匈奴列传.（9）:2879.

17　汉书:卷九十六下·西域传.（12）:3903.

18　新唐书:卷二百一十六上·吐蕃传上.北京;中华书局，1975年点校本.（19）:6074.

19　新唐书:卷二百一十六上·吐蕃传上.（19）:6081.

20　汉书:卷九十六下·西域传.（12）:3908.

21　后汉书:卷八十九·南匈奴列传》.（10）:2941.

亲公主大得多，其内心深处的孤弱感也要强烈得多。但她成为民族关系史上的一个惊人传奇，在长达两个半世纪的汉匈和亲过程中，无数和亲女性默默无闻，连姓名都消失在历史之中，唯有昭君出塞成为民族和亲的典范而名垂青史。正因为如此，昭君和亲引起了世人最广泛的情感共鸣，历代文人常以"昭君悲""昭君怨""昭君思"为主题，反复咏唱和极力渲染昭君内心的孤单凄怆，而且这种悲怨主题历久不衰，逐渐赋予了昭君出塞悲剧基调的象征符号意义。这类文学作品如西晋石崇《王明君辞》："仆御涕流离，辕马为悲鸣。哀郁伤五内，泣泪湿朱缨；唐人白居易《王昭君》："满面胡沙满面风，眉销残黛脸销红。愁苦辛勤憔悴尽，如今却似画图中"；宋人司马光《和介甫明妃曲》："万里寒沙草木稀，居延塞外使人归。旧来相识更无物，只有云边秋雁飞"；元人刘因《明妃曲》："飞鸿不解琵琶语，只带离愁归故乡"；明人黄幼藻《题明妃出塞图》："天外边风掩面沙，举头何处是中华"；清人曹雪芹《青冢怀古》："黑水茫茫咽不流，冰弦拨尽曲中愁"；民国文人起予《题昭君出塞图》："天山风急，摧残媚色。紫台月冷，照见啼痕。环佩凄然，丹青痕煞"；等等。今多有学者批评古代文人题咏昭君之作存在着严重的失真之弊，如洁芒《在艺术形象上还王昭君本来面目》云："把原来高高兴兴、欢欢喜喜两族和亲的喜事给描写成了悲悲惨惨、哭哭啼啼的历史悲剧，王昭君也成了一个被同情被怜悯的牺牲者的角色。"[22]马冀《论王昭君悲剧形象的成因》云："尽管昭君的一生并非悲剧的一生，然而，在旧时代绝大多数文学艺术作品中，她却是以悲剧形象出现的。"[23]这类批评当然有其道理，将昭君出塞视为民族和亲悲剧也确实未必合乎史实，但如果我们换一种思维、换一个角度来理解，就不难感受到"昭君悲怨"主题的价值所在。第一，对历史上曾经经受孤苦、为国家付出巨大牺牲的巾帼英雄寄寓无限悲悯之情，深刻体现了人类永恒的善性，而这种善良人性情感的共鸣正是昭君故事传扬天下的重要因素。第二，极力渲染昭君远嫁的艰辛困苦，又何尝不是对于昭君坚强意志、坚毅性格和吃苦耐劳精神的礼赞!这种悲叹式的礼赞时刻提醒着后人永远缅怀英雄非凡的勇气和牺牲精神，而正是千百年来反复的咏唱和提醒使得昭君出塞成为吃苦耐劳和勇敢坚毅等伟大民族精神的象征符号。

三、追求和平的共同意愿使昭君和亲成为永久的历史记忆

和亲文化是中华文化的重要组成部分，其所蕴涵的"和合"思想以及彰显的"和平、和睦、和谐"等文化内涵，对于解决民族宗教等方面的矛盾和冲突具有一定作用[24]。尽管汉代两大史学家司马迁和班固对匈奴等北方游牧民族都存在着个人偏见，班固更是一个"和亲无益"论者，但他们仍然针对复杂的汉匈民族问题作了非常理性的评述，尤其是班固对西汉后期昭君出塞事件的前因后果做了十分客观的记录。从班固等史学家的客观记述中，我们不难感受到昭君出塞是多民族从冲突对抗走向和平团结的标志性事件，是中国古代民族关系史上一座光辉夺目的丰碑，从而成为各族人民心中永久的历史记忆。

1.战争灾祸引起执政者深刻反思形成民族和亲共识

自西汉立国至武帝继位初期，虽然常有匈奴入寇边境劫掠财物的行为，但由于汉王朝实行和亲策略，汉匈民族关系总体融洽，双方和平相处。《史记·匈奴列传》曰："孝景帝复与匈奴和亲，通关市，给遗匈奴，遣公主，如故约。终孝景时，时小入盗边，无大寇。今帝即位，明和亲约束，厚遇，通关市，饶给之。匈奴自单于以下

22 巴特尔编.昭君论文选.呼和浩特.内蒙古人民出版社，2004：67.

23 巴特尔编.昭君论文选：112.

24 崔明德.论和亲文化.中国边疆史地研究，2021：2.

皆亲汉，往来长城下。"[25]然而至武帝元光二年(公元前133年)发生了破坏民族和平关系的马邑事件，西汉边吏以大量财物和牲畜引诱匈奴单于亲率十万骑入塞劫掠，而武帝则暗中在马邑四周埋伏精兵三十万，准备围歼单于，单于得知消息后迅速逃离。

"自是之后，匈奴绝和亲，攻当路塞，往往入盗于汉边，不可胜数。"[26]马邑事件固然与匈奴单于贪婪有关，但主因在于汉武帝自恃国力强大，想以战争方式彻底解决汉匈矛盾。此后汉匈统治者皆逞强好胜、穷兵黩武，民族战争断断续续打了七十余年，双方损失惨重。《史记·匈奴列传》载元狩四年(公元前123年)卫青、霍去病率部围剿匈奴："汉两将军大出围单于，所杀虏八九万，而汉士卒物故亦数万，汉马死者十余万。"[27]正所谓"杀敌一千，自损八百"。

更可悲的是汉匈战争导致多民族卷入冲突，各方相互攻伐，士卒死亡无数，部族人口锐减，经济凋敝不堪。《汉书·匈奴传》曰："汉兵深入穷追二十余年，匈奴孕重惰殰，罢极苦之。"[28]又载西汉与乌孙联合击匈奴，导致"匈奴民众死伤而去者，及畜产远移死亡不可胜数。于是匈奴遂衰耗，怨乌孙。……丁令乘弱攻其北，乌桓入其东，乌孙击其西。凡三国所杀数万级，马数万匹，牛羊甚众。又重以饿死，人民死者什三，畜产什五，匈奴大虚弱，诸国羁属者皆瓦解"[29]而西汉王朝亦陷入经济凋敝的深渊。《汉书·食货志》记述了武帝时期经济由盛转衰的变化："至武帝之初七十年间，国家亡事，非遇水旱，则民人给家足，都鄙廪庾尽满，而府库余财。京师之钱累百巨万，贯朽而不可校。太仓之粟陈陈相因，充溢露积于外，腐败不可食。……是后，外事四夷，内兴功利，役费并兴，而民去本。……功费愈甚，天下虚耗，人复相食。"[30]西汉经济由盛转衰，除了统治阶级骄奢淫逸之外，一个极其重要的因素即是对外穷兵黩武，尤其是汉匈之间"兵连而不解"。

长期而惨烈的战争导致国穷民贫、怨声载道，使得汉匈执政者们开始认真反思在处理民族关系上的功过是非。《汉书·食货志》载曰："武帝末年，悔征伐之事，乃封丞相为富民侯。下诏曰：'方今之务，在于力农。'"[31]《汉书·西域传》载武帝下罪己诏，"深陈既往之悔"，自责连年用兵扰劳天下，导致大量军士死亡离散、民怨沸腾，"悲痛常在朕心"[32]。

尽管汉武帝晚年尚未充分认识到推行民族和亲政策的正确性，但他深刻反思了以战争手段解决民族矛盾的严重失误，也促使他将国家战略重心转移至发展经济上。而一向崇尚武力、骄纵好战的匈奴执政者在战争严重损耗、士众怨声四起之下也开始深刻反思行为过失："自单于以下常有欲和亲计。……卫律在时，常言和亲之利，匈奴不信，及死后，兵数困，国益贫。单于弟左谷蠡王思卫律言，欲和亲而恐汉不听，故不肯先言，常使左右风汉使者。然其侵盗益稀，遇汉使愈厚，欲以渐致和亲。"[33]尽管汉匈执政者们思考问题的角度不尽一致，但顺应民意摒弃战争、实行民族和亲政策逐渐成为双方共识。昭君出塞就是在这种历史背景下自然产生的，和亲既是客观形势的产物，也是各民族大众追求民族和平友好的共同愿望之结果。

25　史记：卷一百十·匈奴列传.（9）2904.

26　史记：卷一百十·匈奴列传.（9）：2905.

27　史记：卷一百十·匈奴列传.（9）：2911.

28　汉书：卷九十四上·匈奴传.（11）3781.

29　汉书：卷九十四上·匈奴传.（11）3786–3787.

30　汉书：卷二十四上·食货志.（4）1135–1137.

31　汉书：卷二十四上·食货志.（4）1138.

32　汉书：卷九十六下·西域传.（12）3912–3913.

33　汉书：卷九十四上·匈奴传.（11）3783.

2.昭君出塞是建立在平等互信基础上的民族联姻

战争对于社会经济的巨大危害性和广大民众要求民族和平共处的强烈意愿，促使汉匈执政者逐渐清醒理智和务实，民族之间的和亲活动便应运而生，而昭君出塞和亲的独特性就在于它是建立在平等互信基础之上的民族联姻，受到历代民众的特别关注。

其一，汉匈平等相待，消除民族歧视色彩。西汉早期女性和亲是在匈奴强大军事压力之下的无奈之举，匈奴单于常以"天之骄子"自居，以征服者姿态处理汉匈关系，对汉朝傲慢无礼;汉朝则将和亲活动美其名曰"羁縻"，即对匈奴采取笼络手段以约束他们对于边境的侵扰。因而，尽管那些和亲女性贵为公主或翁主，却得不到起码的尊重，她们大多是羁縻政策的牺牲品，很难在民族关系中发挥应有作用，故其姓名、事迹在史籍中湮没无闻。昭君出塞时形势发生了根本变化，汉朝强盛而匈奴衰弱，呼韩邪单于主动遣使请求和亲，不仅质子于汉，还多次亲往甘泉宫朝见汉帝，以示与汉朝和解之诚心。强大的汉朝也十分明智地采取了开明的民族政策，不以强凌弱。汉宣帝接受御史大夫萧望之的建议，对呼韩邪"宠以殊礼，位在诸侯王上，赞谒称臣而不名"[34]，表现了开明政治家们过人的政治智慧。昭君远嫁匈奴正是汉匈政治家们为改善民族关系、妥善解决民族问题而采取的有力举措，全然没有早期和亲活动中的民族歧视色彩。正如林干、马骥先生所言:"(昭君出塞)与汉初的和亲有着本质的区别，它不是匈强汉弱消极妥协的产物，而是两族和平友好向前发展的标志;也没有屈辱的色彩，而是民族团结和睦相处进一步加强的诗篇。"[35]

其二，建立互信基础，双方高度重视和亲活动。"互信是民族关系良性发展的基础。……无数历史事实证明，只要不同民族之间能够坦诚相见，民族关系就和谐，就会沿着友好轨道良性发展、持续发展。相反，只要不同民族之间相互猜疑，民族关系就会恶化。"[36]从《汉书》详尽记载看，汉宣帝、汉元帝、萧望之、呼韩邪、左伊秩訾等汉匈政治家无不努力消除汉匈之间的猜疑、欺诈，采取诸多有力措施构建民族互信基础，推动民族关系发展。一是结束民族对抗，尽力避免战争。《萧望之传》记载汉宣帝五凤年间匈奴发生内乱，西汉群臣主张乘机灭之，而萧望之则坚决反对用兵，认为自古君子不伐丧，他说:"恩足以服孝子，谊足以动诸侯。前单于慕化向善称弟，遣使请和亲，海内欣然，夷狄莫不闻。未终奉约，不幸为贼臣所杀，今而伐之，是乘乱而幸灾也，彼必奔走远遁。不以义动兵，恐劳而无功。宜遣使者吊问，辅其微弱，救其灾患，四夷闻之，咸贵中国之仁义。"[37]《匈奴传》记载，在左伊秩訾等大臣的积极支持下，呼韩邪单于力排众议，在边境上与汉将订立"汉与匈奴合为一家，世世毋得相诈相攻"的盟约[38]。二是在经济上相互扶持，在军事上相互救助。《匈奴传》载呼韩邪上书言部族民众"困乏"，汉朝则先后"转边谷"五六万斛及若干衣服锦帛以帮助其渡过难关;呼韩邪则向汉朝保证"有寇，发兵相助""上书愿保塞上谷以西至敦煌"[39]。三是开诚布公，摈弃欺瞒。早期汉匈和亲旧约是以公主嫁单于，但实际情况是公主不愿远嫁，汉朝常常以宗室女冒充公主和亲(不排除以普通亲属女子冒充公主的可能性)，而昭君和亲则名正言顺地将"掖庭待诏"的身份写进诏令里，向匈奴单于示以诚信。《汉书》载呼韩邪单于请求汉朝"罢边备塞吏卒"，被汉元帝拒绝，元帝特遣车骑将军许嘉向呼韩邪解释:"中国四方皆有关梁障塞，非独备塞外也，

34　汉书:卷九十四下·匈奴传.(11):3798.

35　林干，马骥.民族友好使者王昭君.呼和浩特.内蒙古人民出版社，1994:13.

36　崔明德.中国民族关系十讲.北京:人民出版社，2018:

37　汉书:卷七十八·萧望之传.(11):3279-3280.

38　汉书:卷九十四下·匈奴传.(11):3801.

39　汉书:卷九十四下·匈奴传.(11):3800-3803.

亦以防中国奸邪放纵，出为寇害"，呼韩邪单于释然道："愚不知大计，天子幸使大臣告语，甚厚！"[40]双方开诚布公，大大增强了民族之间的互信。

正是由于汉匈民族互信增强，促进民族交流交融的和亲活动便得到了双方执政者的高度重视。呼韩邪单于上书"愿婿汉氏以自亲"，亲自向汉朝请求民族联姻，改变了从前将和亲女子视为战利品的民族歧视观念，不仅极为尊重王昭君，封为"宁胡阏氏"(阏氏相当于汉之妃子)，而且冠以"宁胡"。《汉书·匈奴传》引颜师古注曰："言胡得之，国以安宁也。"[41]汉王朝同样以高规格待遇送别昭君出塞，元帝亲自主持"临辞大会"，特改年号为"竟宁"。《汉书·元帝纪》引应劭注曰："呼韩邪单于愿保塞，边境得以安宁，故以冠元也。"[42]可见，汉匈执政者都深刻认识到民族和平相处永远都优于民族之间兵戎相见，因而无不将昭君出塞视为吉祥的民族联姻而载入正史，也使得昭君出塞成为各族民众高度认同与共享的和平吉祥符号。

3.昭君出塞是古代促进各民族共同发展的标志性成果

实行民族和亲政策，在政治上起到消除战争、安定边境的作用，在文化上有利于民族交流交融，在经济上更有利于各民族的共同发展。班固《汉书·匈奴传》赞曰："至孝宣之世，承武帝奋击之威，直匈奴百年之运，因其坏乱几亡之厄，权时施宜，覆以威德，然后单于稽首臣服，遣子入侍，三世称藩，宾于汉庭。是时边城晏闭，牛马布野，三世无犬吠之警，黎庶亡干戈之役。"[43]范晔《后汉书·南匈奴列传》亦曰："宣帝之世，会呼韩来降，故边人获安，中外为一，生人休息六十余年。"[44]尽管史学家班固和范晔都或多或少地带有民族偏见，但他们无不肯定了民族和亲政策给各民族经济带来的巨大裨益。事实上，汉宣帝对匈奴部族采取恩威并举之手段，的确大大改善了汉匈关系，为北方各民族经济发展营造了一个和平安宁的环境。但汉宣帝最为后人称道的是他非常理性地处理民族问题，实行平等互利、和睦相处的民族政策，为真正改善多民族关系起到了积极作用。汉元帝、汉成帝、汉哀帝等延续这一民族政策，尤其是汉元帝遣王昭君出塞和亲，为进一步加强汉匈关系打下了良好基础。

笔者不大赞同过分夸大王昭君个人的历史作用，但应该承认昭君出塞创造了民族和亲史上的标志性成果。昭君作为一个普通宫女(历史上不乏以普通宫女冒充公主之事例，但这些普通宫女并未发挥特殊作用)甘愿承担大汉帝国交托的重任，在匈奴生儿育女生活了三十余年，与匈奴部族融为一体，不仅以其非凡的牺牲精神有力地维护了汉匈民族共同努力创下的和平大好局面，也在客观上大大促进了各民族经济的繁荣发展。《汉书·匈奴传》载曰："北边自宣帝以来，数世不见烟火之警，人民炽盛，牛马布野。"[45]又载乌珠留单于(呼韩邪之子，呼韩邪之后第四任单于)上书汉哀帝云："蒙天子神灵，人民盛壮，愿从五百人入朝，以明天子盛德。"[46]足见汉匈和亲以来不仅汉朝北部边境地区经济繁荣，而且匈奴等游牧民族也出现了"牛马布野""人民盛壮"的大好局面，当汉朝中郎将韩况所部在塞外缺粮乏食时，乌珠留单于还为韩况所部提供了粮草。这充分说明了昭君和亲进一步改善了民族间的和平环境，大大促进了北方多民族的友好团结。对于昭君出塞的历

40　汉书：卷九十四下·匈奴传.（11）：3805.

41　汉书：卷九十四下·匈奴传.（11）：3807.

42　汉书：卷九·元帝纪.（1）：297.

43　汉书：卷九十四下·匈奴传.（11）：3832-3833.

44　后汉书：卷八十九·南匈奴列传.（10）：2953.

45　《汉书》卷九十四下《匈奴传》，第11册，第3826页。

46　《汉书》卷九十四下《匈奴传》，第11册，第3817页。

史贡献，历代文人多有赞叹和肯定，如唐人张仲素《王昭君》："仙娥今下嫁，骄子自同和。剑戟归田尽，牛羊绕塞多"，崔涂《过昭君故宅》："免劳征战力，无愧绮罗"；宋人陈造《明妃曲》："胡雏酌酒单于舞，铭肺千年汉朝主。传闻上谷与萧关，自顷耕桑皆乐土"；元人吴师道《昭君出塞图》："平城围后几和亲，不断边烽与战尘。一出宁胡终汉世，论功端合胜前人"；等等。这些文学作品无不将昭君视为民族的大功臣，高度赞扬了其远嫁和亲所起到的安边息战、利国利民的典范作用，表彰其在促进胡汉民族团结、经济共同发展上的杰出贡献。

王昭君早已不是一个简单的西汉和亲女性，而是世人心中一个永久的历史记忆，是一个多民族共享的内涵丰富的文化符号，各族人民和知识界无不将昭君出塞视为民族友好团结的象征，许多学者甚至称赞昭君为民族关系史上的"民族友好使者"，乃至昭君葬地"青冢"亦被赋予了独特的象征意义。正如史学家翦伯赞在《内蒙访古》中所说："在大青山脚下，只有一个古迹是永远不会废弃的，那就是被称为青冢的昭君墓。因为在内蒙古人民的心中，王昭君已经不是一个人物，而是一个象征，一个民族友好的象征；昭君墓也不是一个坟墓，而是一座民族友好的历史纪念塔。"[47]毫无疑问，昭君文化符号的形成有其复杂因素，但各民族广大民众努力追求民族友好、共同发展的强烈愿望才是昭君出塞名扬天下的根本原因。

"代王"号兴废变迁的线索。值得注意的是，《通鉴》对史料处理的背后，是一种代魏政权循着中央王朝的封授线性发展的逻辑，即认为拓跋氏是从部落首领到代公、代王再到北魏皇帝逐步升级的过程。在此逻辑下，拓跋氏接受了中原政权的"代王"封号之后只能被更高级别的"皇帝"称号取代，而对其可能回到部落首领状态的情况则不加考虑，因而造成对史事的误读。实际上，拓跋氏的发展是极为曲折的，在十六国时期的纷争中屡经兴亡，并没有以一个稳定的"代王国"的形态存在。由于《魏书》本身就已经有复杂的曲笔和篡改，司马光等史家对史料偶有误读在很大程度上是技术层面的，并非史家有意为之。理解北魏的史事，不能仅仅依据《魏书》的记载，也不能轻信《通鉴》的加工和整合，还需全面理解北魏史官的正统观，正确理解其改写和删芟史事背后的逻辑。在深入剖析史料生成逻辑的基础上，更需要将拓跋史事置于十六国时期北方诸势力实力对比和发展的大背景下去理解。

---

47 翦伯赞.内蒙访古.人民日报，1961：2：13.

昭君经武州塞出塞考释

刘志尧（山西左云县文联）

有关昭君出塞的史实和传说，不是战争让女人走开，而是女人让战争走开，这是非常感人的重大历史事件。昭君出塞的故事传诵两千多年，余韵未尽，深得人心，逐渐形成一种魅力无穷的昭君文化。昭君文化的广泛传播与渗透，在中华民族大家庭中，早已家喻户晓，妇孺皆知。昭君美貌靓丽，光彩照人，已成为舞台和文艺创作的完美形象；昭君对历史负责所作出的牺牲和贡献，更是光耀史册。

对于昭君出塞的真实记载与传说遗迹，主要集中在三处地方：即昭君的出生地——湖北兴山县(史称秭归)；昭君的出塞地——山西左云县(史称武州塞)；昭君的陵寝地——呼和浩特青冢。左云县作为昭君的出塞地，有几处典籍记载与传说中的地名，应作一一考释。

一、昭君出塞应是出武州塞

对于昭君出塞路线因典籍不载，因而，无论是历代史家文人或现代学者，均说法不一。有的说经玉门关，有的说经陕西榆林走秦直道，亦有的说经山西雁门关走通塞中路，但笔者赞同走通塞中路的说法。这是因为，在大同左云地界，有关昭君出塞的传说故事，在典籍记载和民间传说中共有八九处之多。如典籍记载中有昭君路经高山堡和蹄窟岭的传说，有昭君栖迟武州城的传说。民间传说中大同城的琵琶老店，是昭君出塞路居弹奏琵琶的地方；左云五路山的饮马泉，是昭君出塞路经的饮马处；晾马台，是昭君出塞人马休息的地方；红沙岩口，是昭君出塞的山口；扇庄，是昭君丢扇子的地方。此外，清雍正《朔平府志》还收录了大量历史名人咏颂昭君出塞的诗词。从以上的典籍记载和传说故事看，笔者认为，昭君出塞之"塞"当是武州塞。

左云县古称白羊地，赵武灵王二十年(公元前306年)，北破林胡、娄烦后，置武州塞，建塞城于今左云东古城村东南0.5公里处。武州塞系雁门郡之边塞，是中国最早的边塞之一，赵武灵王置武州塞，是对战国七雄之一的赵国和秦汉王朝有突出贡献的边塞。存在于战国、秦汉500余年之时段。那么，赵武灵王为何要在左云置武州塞？这同左云特殊的地理环境有关。

左云是晋北黄土高原与内蒙古高原的结合部，阴山山脉之余脉在左云北部延伸消失。以左云为中心的周边山地又都山高谷深，峡谷幽长，故向有"天下雄关数武州"之俗语。由于地形奇特，自然形成了游牧文明与农耕文明的分界线，因而，在历史上，北方游牧民族与汉民族在这里冲突、碰撞得最为激烈。北方游牧民族如果不突破这里便难以南下，汉民族守不住这里亦不足以保卫家园；正是出于这种考虑，赵武灵王在此设塞筑城置武州塞，把这里当作是北部御敌的边防重地。赵武灵王所置之武州塞，应该是以防守与驻军为主的军事城堡，当然也可能同时具有行政管辖上的意义。其后，将以此城堡为中心的周围众山地亦泛称武州塞，左云便是武州塞之中心腹地。

到了汉代，匈奴成为汉朝北部的主要防御对象。因而有了"白登之战"和"马邑之谋"等重大历史事件。不过，因民族矛盾抗衡力量的偏移和时局的转换，不时也出现和平景象，而武州塞作为汉民族和游牧民族的结合部，交汇融合的力度也最大，边塞贸易也显得繁盛，民间民族和平现象也时有出现，民族和亲通婚习以为常。往日重点攻防的塞口成为重要通道和商贸市场。而在武州塞，又有武州塞的指挥中心——武州边城（秦汉在此置武州县）。双方边使亦有友好的往来。"昭君之行，远非民间个人行为，而特别是匈奴单于偕其敬重莫比的准阏氏昭君之行，更有汉使礼送自不待言。由蒲津东渡黄河，则是具有万无一失的安全保障的"[1]。因而，昭君和亲队伍选择通塞中路当定走武州塞无疑。武州塞靠近匈奴地界，沿途城镇较多，可为昭君出行提供诸多便捷和便利条件。另外，《汉书·匈奴传》中记载，呼韩邪单于死后，其子雕陶莫立，为复株若鞮单于，河丰元年（公元前28年）遣使者右皋林王伊演莫邪等奉献朝贺，既罢遣使者到蒲陂（今永济）。这说明，通塞中路向为匈奴使者往返长安与漠北单于庭的安全通道，因而，昭君出塞经武州塞应是理所当然的路线。

二、昭君出塞路经云冈峪

光绪《山西通志》载："高山堡，北连边墙三十里，上有三峰，相传昭君出塞道经此"[2]。又载："高山堡，在左云县东南六十里，东至大同县治亦六十里，明天顺二年建，嘉靖十四年改建，周四里"[3]。根据上述记载，昭君出塞经云冈峪无疑。

昭君之行走通塞中路，过雁门关迤逦北行，到达平城（大同）。平城，当时只是一个普通边塞小县，王昭君被安排在平城西街一个叫"东胜店"的客栈住下。王昭君在店里休息，时而还弹奏随身所带琵琶。后来东胜店掌柜为纪念王昭君曾留宿这里而改为"琵琶老店"。

昭君一行离开东胜店，西行不远便进入武州塞，"平城西三十里，武州塞口者也"[4]，根据《水经注》记载，云冈东部为武州塞口，由东进入武州塞口即进入了云冈峪。送亲队伍沿云冈峪西行六十里，便到了高山堡。

在汉代，高山堡一带是很美的，上有三峰，山势峥嵘。谷中有武州川水充盈深阔清澈如镜，映照着两岸山峦，风光旖旎，美丽如画，高山对岸又有车轮山，高出周围山峦，像一车轮平放在那里。也许是武州塞的这段风景很美，北魏时便在车轮山修凿佛寺石窟。"武州川水，又东南流，水侧有石祇洹舍，并诸石室，比丘尼所居也"[5]。随之又将山下武州川水的一段河流称作肖画河，肖画河，如诗如画之河也。车轮山亦作焦山："焦山，在县东六十里，高山城北。山列神殿，上有白衣观音宝塔，石基高耸。中有空洞相穿。下流肖画河，隔岸望之，宛若画景，亦胜地也"[6]。这里所说隔岸望之，其实就是站在高山堡（史称高山城）一带向对岸眺望。

笔者分析，昭君一行从平城西行六十里，来到高山堡，应该是在此住宿过的。因为送亲队伍人马众多，又有聘礼辎重箱柜。每天行程六七十里左右。汉代的高山堡一带，因山势地理优越，或许有驿站或客栈。在这里，风景的美丽，山势的高大，食宿条件的方便给了送亲队伍以深刻的记忆，而昭君路经此地出塞是惊天动地的历史事件，不仅当地民众代

1　靳生禾.昭君出塞与蹄窟岭刍议.2008年左云县边塞文化论坛会上宣讲论文稿

2　光绪.山西通志：卷38.1993：3078.

3　光绪.山西通志：卷45.1993：3433.

4　(北魏)郦道元.水经注.华夏出版社，2007：268.

5　(北魏)郦道元.水经注.华夏出版社，2007：268.

6　朔平府志：1994：91.

代相传，而且也被史官们载入志书典籍，因而使得我们有了昭君经高山堡出塞的史料依据。后来到了明代，因位置重要正式筑堡，成为云冈峪扼守之咽喉。现在高山堡是一个镇的行政建制。经济发达，市场繁荣，与它曾经有过的重要战略历史地位相比，毫不逊色。

三、昭君出塞住白羊城

《朔平府志》[右玉县]条载："东古城，在县东南五十里，相传汉王昭君栖迟之迹"[7]。东古城即汉代的武州城。"战国时，赵之武州塞也，汉为武州县，属雁门郡"[8]。汉元帝竟宁元年，因城毁坏，徙白羊城[9]。竟宁元年武州县徙白羊城后，白羊城即改称武州城。"武州川水出县西南山下，二源翼导，俱发一山，东北流，合成一川。北流经武州县故城西，王莽之桓州也"[10]。这里，府志记载出现了偏差，其原因是混淆了西汉前期与后期的武州城。但昭君出塞所栖迟之武州城，应是白羊城。

白羊城，位于左云县城东北4公里古城村北，十里河南岸，是春秋时北狄白羊部落所修的古城遗址。据现在考察，城东西长600米，南北宽300米，占地18万平方米，城垣除北部被河水冲毁和东部建加油站毁坏外，西垣与南垣尚存。今109国道由当城横穿而过。其西城垣残留部分高2～4米，南部高2～7米，底宽10米，夯土版筑，夯层底部8～12厘米，曾两次重修。地表汉陶、汉砖、汉瓦碎片甚多，曾有铜镞、铜镜等物出土。亦有北魏时期大型印纹灰陶坛坛、罐出土。据考，白羊城建于春秋时，为白羊部落首领居住地和指挥中心[11]。

武州县治由武州城徙白羊城，恰好是昭君出塞之年，即汉元帝竟宁元年(公元前33年)。当昭君一行又从高山堡起程，向西行约六十里，已是黄昏时分，便住在白羊城。传说因城小客栈少，县衙又从旧武州城刚刚迁来，对昭君一行人马难以安置，昭君人马只好搭毡帐过夜。

住宿白羊城，这是昭君出塞最后一站了。传说随行陪嫁宫女望见北面阴山，听说那就是匈奴住地了，而要到单于庭，大约还得走上千里，其思乡之情便油然而生，哭泣之声随之从毡帐传出，这种哭泣声是思念之声，发自肺腑、柔弱缠绵，因多为低泣，声音发自后嗓子，低沉而奔放。这种声音传到民间，便演变为耍孩儿唱腔，也称"咳咳腔"，成为塞北独有的小剧种。

对于昭君住宿白羊城的季节，可推断为阴历四月中旬。四月中旬即为阳历五月中旬，此时已是大地泛绿，鸟语花香的时候了。送亲队伍搭毡帐过夜，也并不觉得寒冷。白羊城，作为汉庭北部边城，曾为汉武帝征战匈奴做过物资供应站，这次又成为昭君出塞栖居之城，给人们留下的记忆是很深的。

那么，昭君一行住宿白羊城为啥推断为阴历四月中旬呢？"竟宁元年春正月，匈奴呼韩邪单于来朝。诏曰：……呼韩邪单于不忘恩德，乡慕礼仪，复修朝贺之礼，愿保塞传之无穷，边陲长无兵革之事。其改元为竟宁，赐单于待诏掖庭王樯为阏氏"[12]。这里要说明

7　朔平府志.1994年：121.

8　光绪山西通志：卷45.1993：3422.

9　左云县志(1991—2003)2005：516.

10　(北魏)郦道元.水经注.华夏出版社，2007：267.

11　左云县志(1991—2003)2005：516.

12　(东汉)班固.汉书·元帝纪.北京：中华书局，1926：297.

的是，呼韩邪单于春正月来到长安，为宁息兵革之事做商榷谈判，又要娶王昭君为阏氏，绝不是三天两日的事情，如果将这些事谈妥，定成协议，又携昭君起程，也不是三天两日的事情，很快就进入春二月。走通塞中路到武州城边塞，2000余里。再说为彰显汉风，摆阔气增添荣耀，陪嫁送亲人马亦多。就这样一支送亲队伍行至武州城恐怕得一个半月的时间，何况路上还有风霜雨雪，道路泥泞陡险的变故，也难以保证每日应有行程。

白羊城虽经历边塞无数战争沧桑，毕竟还算一处好地方。因为当年北狄白羊部落选城址就将这里作为逐水草而居最惬意的选择。城在武州川水南岸，有武州川水由城北侧流过，城周有茂密的森林，水草丰美而广阔的牧场，四月中旬的武州塞，更是春光明媚、艳阳高照、花开繁盛、暖气融融，大自然的美丽为昭君出嫁离开故土作了最好的陪衬。这是民族和平、国家和谐、边境安宁的预兆和象征。不难想象白羊城官兵与居民为昭君出塞祈祷、送行的场面当是多么的热烈而隆重。

四、昭君出塞走红沙岩口

编纂于清代的《朔州府志》在[左云县]条记载："蹄窟岭，在县西北十里。俗传啼哭，讹也。明妃何处不啼哭，盖因出塞，道经此岭，岭路石上有马蹄痕迹，至今尚在，故名。"[13]，对已掌握的有关对蹄窟岭的典籍记载计有《朔平府志》《云中郡志》《山西通志》《左云县志》《左云县乡土志》《左云县要览》《右玉文化图志》等不下七种。

昭君一行被白羊城官兵军民送别后，沿古道攀上五路山，在高高的山梁上，漠北大山茫茫无际;远眺白羊城，殊似棋局，武州川水像玉带飘荡，山上山下两重天，天地似乎在向东南方向倾斜。此时，出塞和亲人马情绪激动，思绪万千，众多人马面向白羊城汉地，面向南方久久站立凝视，一个个不禁潸然泪下。昭君骑的马因站立时间太长，竟在山岭路边一块巨石上踏下深深的蹄印。其后人们为纪念昭君出塞，就将此山称作"蹄窟岭"，当地山民俗称"马蹄梁"。五路山多数上年纪的山民，都见过这块马蹄石，只是在20世纪六七十年代修路植树时才将石头弄没。如果下功夫寻找，或许还能找到。

昭君出塞走蹄窟岭，必走红沙岩口无疑。这是因为，左云西北的五路山崎岖陡峭，山势峥嵘，在当时只一条出塞古道。古道之咽喉出口便是红沙岩口。红沙岩口地缘虽无历史记载，但其文化底蕴却深潜民间人心。

据不少当代学者考证，红沙岩口古道已有两千多年的历史，它是由古代火山爆发，岩浆流动自然形成的一处山口。历史上，它是由晋北黄土高原走向内蒙古高原的重要出口，是中原连接大漠乃至欧亚大陆的通道。传说秦始皇北巡、拓跋珪东进，康熙西征等均走的是红沙岩口，许多晋商、旅蒙商均从红沙岩口走出或返乡。红沙岩口被当地称为西口古道、传讯驿道、北巡官道、军事要道、商贸旅道、和亲通道。

在巍峨陡峭的五路山上，红沙岩口山势较低，红沙岩口是形成出塞西口古道的地理条件;红沙岩口是火山遗址，火山石呈褐红色蜂窝状。蜂窝状岩石酥软易被开凿。现在我们看到的红沙岩口，是被人工开凿巨大陉口，陉口将原低凹山口凿深辟为两半。陉口纵深约70米，底宽约10米。像这样巨大的工程，应该是历代官方投资，组织力量做了声势浩大的开辟才成为如此的山口通道。如秦始皇选择北巡路线，必须做必要的修凿，如拓跋鲜卑族东

---

13 朔平府志：1994：122.

进夺取平城运送兵员，也必须做必要的开辟，尤其是北魏迁都平城后，红沙岩口作为东都平城与西都盛乐的通道枢纽，官方和民间均有着频繁的往来，为通行便捷，应该是做了大幅度的开辟。因而在北魏后，红沙岩口真正成为中国通往欧亚大陆，中原通往漠北的最为重要的西口古道。

红沙岩口因特殊地理条件给了人类选择，人类也选择了红沙岩口。但这是历代人们付出沉重代价的选择，"走到黄花梁，两眼泪汪汪"(按：黄花梁在山西省山阴、怀仁、应县交界地带)，"出了红沙口，是生还是死！"这曾经是明清时走西口的人们传唱的民谣，说明走出红沙岩口所承载的辛酸和痛苦，当然，也有幸运商机，也有为生计奔波的无奈。

红沙岩口东西是两条峡谷，峡谷因低凹而又使两边山峦的山泉与雨水往峡谷里流淌，因而也就有了昭君与饮马泉的传说。红沙岩口作为分水岭，其东面峡谷的水向东流去，归入淮河水系;西面峡谷的水则向西流去，归入黄河水系。

红沙岩口位于左云县西北隅，现属三屯乡所辖，距左云县城20余公里。走红沙岩口，先走白道坡村，然后沿峡谷古道再走前铺、前窑子、二窑子、扇庄，最后直抵红沙岩口，这段古道长约3公里。白道坡是古道入口处，前铺是古驿站，前窑子、二窑子包括传说中昭君丢扇子的扇庄，都应该是走西口人们的店铺客栈。

为探索红沙岩口古道，笔者于2008年夏，携同山西大学等考古历史学者，曾几次考察走访红沙岩口古道。从山下的白道坡村(今改称绿道坡)走进峡谷，沿古道而上，古道或石铺或土筑，均有深深道痕，傍崖处有石砌路基墙出现多处断断续续，有的石砌基墙长达上百米。古道因水流的走势或左或右，河道有脚踏石或漫水道，在沧桑荒漫的塞北，峡谷尽被灌木与野草覆盖，水流潺潺，清澈鉴人;和风吹拂，空气清香，火山岩参差叠加，奇形怪状，攀道虽热身而上，可一直给人神清气爽的新鲜感觉。攀越一个半小时，便登上红沙岩口，红沙岩口旁，有当年店铺客栈的墙基遗址。

站在红沙岩口，山风吹得很急，顿觉塞口深阔雄浑，天高地远。走出红沙岩口，左前方便是继续通往蹄窟岭的古道。古道通向蹄窟岭，再下到谷底继续西行，便是盘石岭、欧家村……然后一直通向参合口，即今天的杀虎口。由杀虎口再向西北就进入漠南的古代敕勒川(今河套平原)，再向北便是漠北草原，最后直达匈奴龙庭……

王昭君出生于湖北兴山县香溪河畔的宝坪村，清澈如玉的香溪河孕育了一代绝色佳人，香溪河也使得昭君有了倾城之貌和秀外慧中的美好心灵。王昭君走出武州塞，古朴沧桑、地老天荒的武州塞记录流传下了王昭君的绝色与胡汉和亲的义举与善意。王昭君从宝坪村走向单于龙庭，一路洒下的是情与爱，她是情的精灵，爱的使者。随着王昭君的传说故事的深入人心，武州塞当会被越来越多的人珍藏在记忆里。

随朝窈窕呈寇呈倾国之芳容

平陽姬家彫印

王昭君

班姬

趙飛燕

綠珠

前　言

　　王昭君，西汉时期一个天生丽质的女子，以她柔弱的肩膀，承担了时代的重任，从荆楚之地，进入关中平原，走向塞外草原，走进世世代代的中国人心中，成为传奇和信仰。

　　昭君出塞和亲的历史佳话，两千多年来在中国大地上家喻户晓，妇孺皆知，在昭君的故乡到处可见与王昭君相关的遗迹。在昭君出塞途经、生活的地方，甚至出现了十几座昭君墓，在民间长期流传着关于昭君出塞的故事和传说。

　　王昭君已经走进了我们民族的灵魂深处，时间带走的是生命，留下的却是奔腾在我们血液中勇于追求探索的精神。昭君出塞是交流融合共美的世代和谐，是民族友好相处的历史典范。

　　展览撷集了来自昭君出塞和亲之路沿线湖北、河南、陕西、山西、内蒙古五省(区)14家博物馆所藏先秦、秦汉精品文物185件(组) 以昭君出塞事迹为主题，以和亲线路为主线，为您讲述千年的昭君故事，诠释昭君出生成长地的荆楚文化、和亲出发地的农耕文化、出塞纪念地的草原文化，展现中华文化的多姿异彩和交汇共融，彰显了昭君出塞所承载的中华民族共同体的价值取向。

一去紫台连朔漠，独留青冢向黄昏。

画图省识春风面，环珮空归月夜魂。

千载琵琶作胡语，分明怨恨曲中论。

　　长江孕育出独具特色的荆楚文化，造就了从巴山蜀水到江南水乡的千年文脉。"群山万壑赴荆门，生长明妃尚有村"，唐代诗圣杜甫笔下描绘的村落就是位于长江三峡香溪河畔的兴山县王家湾。约公元前53年，王昭君出生于南郡秭归。考古发现楚地的青铜器、漆器以及独领风骚的楚辞，形象地展现了荆楚文化风貌。以屈原为代表的屈骚遗风世代相传，并深深地影响着少年王昭君，培育了王昭君高尚的爱国主义精神，奠定了昭君请行出塞的思想基础。

西汉与匈奴大事年表

公元前198年冬，汉使人至匈奴结和亲。

公元前192年，汉以宗室女为公主，嫁匈奴。

公元前174年春，冒顿致书汉文帝，约和。冒顿死，老上(稽粥)即"单于"位。汉文帝遣宗室女为公主至匈奴和亲。

公元前156年，汉与匈奴和亲。

公元前155年秋，汉与匈奴和亲。

公元前152年，汉公主嫁匈奴。匈奴与汉通市。

公元前81年，匈奴与汉议和，释苏武归。

公元前52年冬，呼韩邪单于请明年朝汉。

公元前51年正月，呼韩邪单于入汉朝，汉授玺绶。二月，汉使骑送之归单于龙城，允其居汉光禄塞下。

公元前49年正月，呼韩邪单于朝汉。二月归单于龙城。

公元前48年，元帝初即位，呼韩邪单于复上书，言民众困乏。汉诏云中、五原郡转谷二万斛以给焉。

公元前43年，呼韩邪单于北归单于龙城。与汉盟誓。

公元前33年正月，呼韩邪朝汉。汉以王嫱嫁之。呼韩邪单于为汉保塞。公元前31年，呼韩邪单于死，雕陶莫皋立为复株累若鞮单于。

公元前27年，匈奴单于使朝汉。

公元前25年正月，雕陶莫皋朝汉。

公元前20年，雕陶莫皋死，且麋胥立为搜谐若鞮单于，搜谐使子入侍。公元前12年，搜谐入汉，病死汉塞下。

公元前3年，匈奴单于请朝汉。

公元前1年正月，乌珠留入朝。

公元2年，汉平帝幼，太皇太后称制，新都侯王莽秉政，欲说太后以威德至盛异于前，乃封单于，令遣王昭君女须卜居次云入侍，太后赏赐之甚厚。

王昭君生平

王昭君其人，其生平事迹资料不多。目前所知，昭君生平资料，主要见《汉书》《后汉书》。

相传汉宣帝甘露元年（公元前53年），昭君出生于南郡秭归良家子人家。

建昭二年（公元前37年），郡国献女，昭君以良家子选入掖庭，为待诏。

竟宁元年（公元前33年）正月，呼韩邪单于来朝。单于自言愿婿汉氏以自亲，元帝以后宫良家子王嫱字昭君赐单于。

汉成帝建始元年（公元前32年），匈奴呼韩邪单于与王昭君生子，名伊屠智牙师，后封为右日逐王、右谷蠡王。

建始二年（公元前31年）夏，匈奴呼韩邪单于去世，长子复株累若鞮单于立，名雕陶莫皋，呼韩邪单于与大阏氏所生。

是年，昭君向汉廷上书求归，汉成帝敕令"从胡俗"。昭君尊重匈奴习俗，复嫁复株累若鞮单于，两人育有二女。长女云，嫁给须卜当，称为须卜居次；次女失名，嫁给当于氏，称为当于居次。须卜、当于皆为匈奴世袭贵族之家。

关于王昭君去世的时间，史无记载。据推测王昭君约在匈奴复株累若鞮单于之前离开了人世，即汉成帝鸿嘉元年（公元前20年）之前去世。亦有研究者认为昭君去世于汉哀帝时期，即公元前6年至公元前1年。

荆楚之地

"邦畿千里，维民所止。"各族先民胼手胝足，共同开发了祖国的锦绣河山。自古以来，中原和边疆人民就是你来我往、频繁互动。西周建立后，封邦建国，以藩屏周，巴楚之地先后被分封成为随、楚、巴等众多诸侯国。"秦扫六合"，开启了中国统一的多民族国家发展历程。汉继秦业后，荆楚文化、草原文化和农耕文化在长期交融中不断增进中华文化的共同性。叶家山墓地、万福垴遗址、当阳赵巷遗址、秭归八字门遗址、土城三岔口窖藏、陈家湾等遗址的发现，充分反映出东周时期至两汉时期，不同区域文化交流互融，又最终汇入中华文化的浩瀚洪流之中，成为具有统一风貌的中华文化实物见证。

古史寻踪——文献记载的楚国

"江汉沮漳，楚之望也。"——《左传·哀公六年》

"熊绎当周成王之时，举文武勤劳之后嗣而封熊绎于楚蛮，
封以子男之田，姓芈氏，居丹阳。"——司马迁《史记·楚世家》

荆楚文化

楚，西周早期立国，辟在荆山，筚路蓝缕。西周时期的楚艺术秉承了中原文化的风格，春秋中晚期，楚人逐渐展现出文化特色。升鼎和于鼎出现，礼器组合以"簠"代"簋"，盏、球形敦、兽首提梁盉、环钮鎣足盘等铜礼器日趋流行，失蜡法和各种复杂技术为代表的青铜冶铸工艺方兴未艾。战国时期，青铜器当中的生活用器明显增多，纹饰从繁缛走向简洁，从肃穆走向明快。这一趋势，与时代风尚的发展和楚人心态的转变是一致的。

湖北地处长江中游，历史悠久，文脉绵远，是楚文化发祥地，在中华文明的起源和发展中发挥了重要作用。铜绿山矿冶遗址，开创了中国青铜文明的第一个高峰；勃发兴盛的楚文化，创造了璀璨夺目的精神和物质成果。

叶家山墓地

叶家山墓地位于随州市淅河镇蒋寨村八组，2011年、2013年，考古工作者对墓地进行了两次考古发掘，共揭露面积8700平方米，发掘墓葬142座，马坑7座。其中M65、M28、M111三座墓的位置居中，且规模大，随葬品多。铜器上多有"曾侯谏""曾侯""曾侯抗"自铭，表明器主人身份是三位曾侯。出土的大量青铜器、漆器、玉器等文物，揭示出曾国是重臣南公封国，扼守重要的南北通道随枣走廊，是周王室分封至江汉地区的重要诸侯国。

从出土器物类别看，叶家山墓地晚商青铜器组包括鼎、簋、甗、卣、罍、爵、盉等，这批晚商青铜器组出土在西周墓地中，且多数器物上有族氏铭文，对研究商代晚期青铜器流通、商末周初青铜器矿料利用规律和西周早期青铜器"分器"制度具有重要价值。随州叶家山西周墓地是江汉地区乃至长江流域规格最高、规模最大的西周古墓之一，对研究西周早期的曾国历史具有重大意义。

今湖北随州枣阳一线位于桐柏山与大洪山之间、汉水之东，北通南阳盆地，南联江汉平原，被称为"随枣走廊"。周代将曾国分封于此，作为控制南方铜矿资源、经略江汉地区的战略支点。

曾侯谏圆鼎

西周早期 \ 长35厘米、宽32厘米、高31厘米 \ 随州叶家山M3 \ 随州市博物馆藏

曾侯谏圆鼎，口呈桃圆形，微敛，外折沿，沿面中脊起棱，内、外略斜，横截面呈三角形方唇，长方形绚索立耳略外侈，颈微束，圆鼓腹，圜底，三柱状足，足根部略粗，端部较平。器腹内壁铸有铭文二行六字，铭文为阴文。自右至左读作"(曾)侯谏/乍(作)宝彝"。

从春秋中期开始，楚文化区逐渐流行升鼎。目前已知最早的楚式升鼎为淅川和尚岭出土的克黄鼎，其祖源可追溯到曾国的邦季鼎和盅鼎。到战国早期，曾国也开始流行楚式的升鼎了。曾侯乙墓出土的九鼎八簋，其中九鼎皆为升鼎。曾文化和楚文化的交流融合，彼此影响，相映成趣。

兽面纹鼎

西周早期 \ 通高48.8厘米、口径37.2厘米 \ 随州叶家山M11 \ 随州市博物馆藏

兽面纹鼎，口呈桃圆形，微敛，外折沿，沿面中脊起棱，内、外略斜，横截面呈三角形方唇，长方形绚索立耳略外侈，颈微束，圆鼓腹，圜底，三柱状足，足根部略粗，端部较平。

器腹内壁铸有铭文二行六字，铭文为阴文。自右至左读作"(曾)侯谏/乍(作)宝彝"。

龙纹扉棱方鼎

西周早期 \ 长19厘米、宽13厘米、高20厘米 \ 随州叶家山墓地出土 \ 随州市博物馆藏

龙纹扉棱方鼎，口沿下四面纹饰相同，上腹部长方形方框内饰以云雷纹衬地的夔龙纹，每组均以短扉为界，左右两侧各饰一两首相对的夔龙纹。夔龙作昂首，大张嘴，吻唇向上翻卷，下唇弯曲下勾，钩形角，圆睛突起，屈身，翘臀，长尾下垂，尾尖向上勾卷，躯体下前足向后，后足前呈奔跑状。下腹部长方框为素面。

兽面纹铜爵

西周早期 \ 通柱高23.3厘米、口径8.2厘米、流至尾长18.4厘米 \ 随州叶家山
M15 \ 随州市博物馆藏

兽面纹铜爵，前有槽状流上扬，后有三角形尖尾上翘，侈口、尖唇，
两菌状柱直立于器口近折流处。柱的横截面呈梯形、窄面向内、宽面
朝外、柱顶隆起、深圆腹、卵形底，腹的一侧有一半环形扁平兽首鋬
与一足相对应，三棱锥状刀形足外撇，横截面呈三角形。

曾侯谏铜盉（复制品）

西周早期 \ 通高30厘米、口径13.8厘米 \
随州叶家山M28 \ 随州市博物馆藏

这件分档柱足盉器体以三足为中
心，展开两周三组纹饰。腹部三组主
题纹饰为牛角形兽面纹，颈部为三
组两两相向的牛纹。隆盖兔形钮
两侧也饰两组牛角兽面纹，器、盖
的纹饰都是以细密的云雷纹地纹
衬托半浮雕纹样，颇有晚商青铜器
繁缛的装饰作风，但颈部的牛形纹
构图却在西周早期中原文化周边
地区多见。盖錾（pàn）处的对铭
"曾侯谏作宝彝"说明了作器的
年代及性质。

曾侯犺编钟（复制品）

西周早期 \ 通长46.5—41厘米 \ 随州叶家山墓地出土 \ 随州市博物馆藏

世界上最早的编钟。

四件甬钟器形相似，钟体厚重，均为合瓦形，合瓦的弧度近似，铣部弧度也近似。甬部扁圆，其近舞处有旋。钟体两侧均各有有序的枚18个，正鼓处有两组云纹，舞顶甬部两侧各有一组宽线的云纹。舞顶两端有延伸至甬部的范线，钟腔体与甬部相通，说明铸造时芯范连为一体，这是西周甬钟较突出的工艺特性。根据纹饰四件甬钟可分为两组，其中较大的M111:8和M1:13为一组，枚间饰细线云纹和圆圈纹；较小的M111:7和M111:11为一组，枚间饰成排的小乳丁，并夹有细线的浅云纹。右鼓部均有一云纹，应该是演奏时的标音符号。

金道锡行

　　长江流域是中国铜矿资源最为富集的区域，铜绿山遗址出土的青铜器实证了楚文化与中原文化密切关系。大冶铜绿山古铜矿遗址位于湖北省大冶市西南，是一处商至汉代的矿冶遗址。遗址出土有铜斧、铜锛、铁斧、铁锤、铁锄、木铲、木槌、木辘轳、船形木斗等生产工具及陶、木质生活用具，计1000余件。

　　科技考古发现证明，曾国青铜器与大冶铜绿山铜料相关数据接近，与成周、宗周王畿的青铜器也有重叠。说明西周铜矿供应很大一部分来自长江流域，通过曾国进行转运，到达中原地区。这条从长江中游向中原地区输送铜、锡矿产的道路转运系统，在周朝铜器铭文中被称为"金道锡行"。

　　为确保铜矿运输安全，周人在汉水北面分封了一批诸侯国，扼守随枣走廊的曾国，为"汉阳诸姬"之首。随州、枣阳为南下鄂东的必经之路，曾伯桼簠铭文所谓"金道锡行"，正是相关史实的反映。"金道锡行"铭文首见于传世的曾伯桼铜簠，对探讨早期中国青铜资源的流通及荆楚文化与中原文化之间的关系有着重要意义。

　　今湖北随州枣阳一线位于桐柏山与大洪山之间、汉水之东，北通南阳盆地，南联江汉平原，被称为"随枣走廊"。周代将曾国分封于此，作为控制南方铜矿资源、经略江汉地区的战略支点。

铜绿山古铜矿遗址全貌

铜绿山古铜矿遗址

兽首形铜面具

西周早期 \ 通高21.7厘米、面宽21.4
厘米 \ 随州叶家山M65 \ 随州市博物
馆藏

面具模仿同时期其他器物兽面纹
造型，水牛状粗角上翘,兽面的
角、耳、眉、鼻孔等向外凸起,
浮雕感较强,器物内壁在器官相应
的位置凹入。眉及鼻孔处的内壁
有三个桥形穿孔，说明该面具应
该绑缚在其他器物上使用;眼睛
上有两个椭方形穿孔，表示兽面
的瞳孔。

铜壶

秦代 \ 高39.5厘米、宽33.1厘米 \ 随
州环城朱家坡 \ 随州市博物馆藏

三犀鼎

商代 \ 高35.5厘米、直径23.7厘米、耳高6.6厘米 \ 1974年西安市大白杨废品库征集 \ 西安博物院藏

器体厚重，侈口，沿立直耳，直颈，袋腹分裆，三柱足。颈部有六道犀棱，其间各有一夔纹，两两相向。腹部饰三个饕餮纹。腹底每两足间有"n"形范线。夔是古代传说中近似龙的动物，多以单体出现，呈侧面造型，有的身作两歧，或身作对角线，两端各有首。盛行于商和西周前期。此鼎颈部的夔纹，头生长角，口大张，一足，尾上卷，其形十分少见。这件铜鼎铸造精良，形制和纹饰特点鲜明，与1972年陕西华县桃下村出土的兽面纹鼎基本相同，为商代晚期器。

屈骚遗风

地处长江三峡的香溪河流域，具有稻作农业为主的生产形态、河网纵横的交通特征和浪漫楚风的人文环境，形成了楚人尊崇周礼、亦夷亦夏的礼俗面貌和特色鲜明的生产生活方式。以屈原为代表的屈骚遗风，如"求索"精神，"爱国主义"精神，成为王昭君一生信奉和追求的高尚品质。

湖北省秭归县新县城屈原祠

路漫漫其修远兮，吾将上下而求索

楚人吸收中原文化的精髓，上下求索，孕育出博大精深的哲学、独领风骚的文学和神秘瑰丽的艺术。《楚辞》是中国辞赋和散文的重要源头，楚地出土的简帛文字、漆画图像，为研究楚国乃至先秦文化艺术提供了珍贵的材料。"路漫漫其修远兮，吾将上下而求索。"《离骚》《九歌》《九章》《天问》……一篇篇经典诗作流传至今。

屈原

（公元前339—约公元前278年）战国时楚国人，名平，字原。又名正则，字灵均。楚国贵族。为楚怀王左徒、三闾大夫。博闻强志，娴于辞令。入则与王图议国事，出则接遇宾客，应对诸侯。为人正道直行，主张明法度，任贤能，图谋富强，联齐抗秦。又奉命草拟宪令，深得怀王信任。后因上官大夫进谗，被怀王疏远，忧愁幽思而作《离骚》，上称帝喾，下道齐桓，中述汤武，以刺世事。所作诗篇，吸收民间文学素材，融合神话传说，创造出骚体这一诗的新形式，对后世文学影响很大。

《离骚》《九章》《哀郢》等诗篇，陈述政治主张，揭露贵族昏庸腐败、排斥贤能，表现了他的忠君爱国思想和为理想献身精神。后因感伤楚国被秦攻破，国都失守，无力挽救，投汨罗江而死。《汉书·艺文志》著录《屈原赋》二十五篇，已佚。作品保存于刘向辑集的《楚辞》中。

屈原以方言歌咏，后人辑为《楚辞》。楚辞句法参差，文辞瑰丽，以屈原所作《离骚》《天问》《九歌》等成就最高，对汉赋、唐诗的发展产生了深远影响。

宜昌万福垴遗址

　　宜昌万福垴遗址，位于宜昌市白洋工业园区，地处长江左岸的一级台地上，面积约56万平方米。自2012年发现编钟及铜鼎至今，历经两次发掘，发掘总面积2807平方米。遗址地层中，周代文化堆积厚度为30—90厘米，包含物有夹砂、泥质褐胎黑陶片；可辨器形有鬲罐、豆等，纹饰有方格纹绳纹等。根据陶片器型与纹饰特征进一步确认，该遗址年代上限早至西周中晚期，下限为春秋中期。宜昌万福垴是一处重要的楚文化性质的西周遗址。

虎钮铜錞于

西汉 \ 通高52.5厘米、腹径29.3—34厘米、底径18.1—20.7厘米 \ 宜昌土城三岔口窖藏出土 \ 宜昌博物馆藏

顶部为虎钮，虎呈前扑状，昂首张口，四肢前伸，身前伏后躬，翘尾断尖。虎钮下为椭圆形浅盘，盘沿外侈。器身截面呈椭圆形，鼓肩，中腹内收，下腹近直，器腹内空无底。

乳丁云纹铜甬钟

西周晚期 \ 通高43.1厘米、通宽19.2厘米、甬长14.0厘米 \ 宜昌万福垴遗址出土 \ 宜昌博物馆藏

整体呈合瓦形。圆柱形甬，中空，上细下粗；凸箍带状旋，旋上饰凸点纹、云纹；方形斡；平舞；钲部和篆带、枚带以乳丁纹和细弦纹的组合纹间隔，共分为枚带12，篆带8，钲部2区；枚带每组3枚，共计饰柱形枚36个，篆带饰云纹；钲部饰一条细弦纹；正鼓部饰雷纹；于部向上收成弧形，铣部下阔。

蟠虺纹铜鼎

春秋中期 \ 口径22.5厘米、腹径21.4厘米、通长27.5厘米、高16.1厘米 \ 当阳郑家洼子M23出土 \ 宜昌博物馆藏

直口，方唇，束颈，深腹，上腹较直，下腹弧收，腹两侧有一对兽首环耳，圜底，下附三个小兽蹄足。隆盖，喇叭形握手，握手为通体透空的蟠蛇组成，盖面附四个镂空蟠虺纹方纽。盖缘有3个梯形小扣用以卡住器口。器腹饰绳索状凸弦纹和蟠虺纹。器盖握手内饰涡纹，盖面饰绳索状凸弦纹和蟠虺纹，周边饰蕉叶纹。

兽耳漆木簋

春秋 \ 通高24.3厘米、口径25.2厘米 \ 湖北当阳赵巷M4出土 \ 宜昌博物馆藏

木胎。椭圆形侈口、口沿甚宽而外斜、浅腹，上腹较直，下腹弧收，圜底、喇叭形圈足外撇。器身长边两侧各附一个兽首环耳，器身以黑漆为地，以红漆绘纹饰，通体饰云雷纹，竖波浪纹与三角纹。

已知楚国最早的漆器，可追溯到春秋中期偏晚的赵巷四号墓，该墓出土了方壶、簋、豆、俎、瑟、镇墓兽等漆器多件。楚国早期漆器兼有礼器功能，后向轻便实用发展，晚期生活用器日益增多，丧葬用器比重增大。在此过程中，楚漆器艺术首先摆脱的是青铜器及其纹饰的束缚，之后是个性的全面发展。从早期的壶、簋到晚期的虎座鸟架鼓、镇墓兽、凤鸟双联杯、猪形盒、凤鸟莲花豆乃至长期沿用的耳杯，无不生机盎然。

四足带盖陶仓

东汉 \ 口径24.0厘米、盖径29.6厘米、通高
17.4厘米 \ 当阳岱家山M65出土 \ 宜昌博物
馆藏

泥质黑褐陶。直口、直腹、平底、四矮足、三钉状
钮,覆平顶盖。腹中部饰一周绚索纹凸箍。

圆栏悬山顶陶圈

东汉 \ 栏径23.2厘米、栏底径20.5厘米、通高
17.2厘米 \ 当阳岱家山M33出土 \ 宜昌博物馆藏

泥质灰陶,屋厩立于栏中,顶为悬山两面
水,墙壁呈椭圆筒形,正面有方门,左侧
开方窗,圈栏圆形直口、宽沿、圆唇、浅
直腹、平底:猪呈站立姿态,头前伸,平视
前方,尾侧卷。

虎形铜带钩

战国 \ 长13.2厘米、宽6.4厘米 \ 秭归八字门M19出土 \ 宜昌博物馆藏

虎形铜带钩，整体呈虎形，作奔走状，虎口张开，表情凶猛，虎尾平
直，尾尖侧卷成弯钩，虎头与腹各有一个不规则形镂孔，虎身饰条状斑
纹。背面有一圆形扣纽。

饕餮纹鎏金铜铺首衔环

西汉 \ 环径6.5厘米、通宽7.3厘米、通长10.9厘米 \ 宜昌前坪M74出土 \ 宜昌博
物馆藏

铺首上部为浮雕饕餮纹，周围饰有卷云纹，下端衔环。通体鎏金。

双耳圜底铜釜

西汉 \ 口径30厘米、腹径33.5厘米、高24.2厘米 \ 宜昌土城三岔口窖藏出土 \ 宜昌博物馆藏

敞口，口沿上折，束颈，垂腹，圜底近平。上腹附一对环耳，并饰一对铺首，下腹饰三周凸弦纹。

铺首铜洗

西汉 \ 口径38.3厘米、底径24.5厘米、高18.2厘米 \ 宜昌土城三岔口窖藏出土 \ 宜昌博物馆藏

仰沿甚宽，沿面内凹，折颈，折肩，下腹弧收，底近平，肩饰两道凸弦纹，腹饰对称铺首。内底有"宜鱼王"三字铭文，铭文两侧各有一鱼纹。

铺首衔环三角云纹铜壶

东汉 \ 口径8.8厘米、腹径16.7厘米、圈足径10.5厘米、通高20.6厘米 \ 宜昌前坪
M76出土 \ 宜昌博物馆藏

侈口，平沿内折，束颈细长，弧肩，鼓腹，下腹弧收，高圈足外撇。肩
腹交接处附一对兽面铺首衔环，通体饰三角云纹、卷云纹与凹弦纹。

鎏金铜熊镇

东汉 \ 通长6.4厘米、通宽6.1厘米、通高8.8厘米 \ 宜昌博物馆藏

四件形制略同，大肚，单膝跪地，两前足扶膝，身后平伸一方形底座，座上有一方孔。通体鎏金，线刻毛发，腹下方阴刻圆圈纹。这套铜熊造型生动，憨态可掬，可能用于支撑器物的四角。

香溪蕴秀

班固《汉书》中并未记载王昭君的籍贯，文颖注《汉书·元帝纪》中首次明确了昭君的籍贯为南郡秭归县。南郡地处江汉平原，原是楚国的腹心地带，秦置郡，西汉置秭归县。公元260年(三国吴景帝永安三年)，秭归北界置兴山县，"环邑皆山，县治兴起于群山之中"。因其山水形胜的环境，关塞要津之地位，在历史长河中逐步塑造了坚忍不拔、积极进取的楚韵汉风，熏陶培育了勇敢刚毅、聪慧贤淑、正直善良的王昭君。

兴山县建制沿革

时期	建制沿革
西汉	置秭归县，属南郡。
东汉——三国	吴国景帝(孙休)永安三年(公元260年)析秭归北界置兴山县，属建平郡。因"县治兴起于群山之中"而得名。
西晋	太康元年(280年)，兴山仍属建平郡。
南北朝	北周建德六年(577年)，置长宁县兴山并入长宁，属秭归郡。
隋朝	开皇元年(581年)，改长宁为秭归，兴山复入秭归，属巴东郡。
唐朝	武德三年(620年)，复设兴山县隶属归州。 天宝初(约742年)，属巴东郡。 乾元初(758年)，复属归州，隶属山南东道。
五代十国	兴山属归州。
宋朝	熙宁五年(1072年)，改兴山县为兴山镇，合入归州。元佑初(1086年)。复设兴山县，隶属荆湖北路。建炎中(1128年)，属夔州路。
元朝	至元十六年(1222年)，兴山属归州，隶属湖广行中书省。
明朝	洪武九年(1376年)，兴山属夷陵州。 正统九年(1444年)三月，兴山并入归州。 弘治三年(1490年)，再设兴山县，隶属归州。
清朝	兴山隶属归州。雍正十三年(1735年)，归州改属宜昌府，兴山县属之。
中华民国	1912—1924年，兴山隶属荆南道，后改荆宜道。 1932—1935年，属湖北省第九行政督察区。 1936—1949年，属第六行政督察区。 其中，1930—1932年，巴东、兴山、秭归三县连成一片，建立了巴兴归苏维埃政权，属湘鄂西革命根据地之一。1949年8月6日，兴山解放。
中华人民共和国	兴山县隶属于宜昌市。

兴山县汉昭君王嫱故里

"诏假司马"铜印

东汉 \ 长2.4厘米、宽2.3厘米、通高2.4
厘米 \ 兴山县民俗博物馆藏

东汉八棱陶碗

东汉 \ 口径9.8厘米、高6.3厘米、底径9.1
厘米 \ 兴山县民俗博物馆藏

一刀平五千铜币

新莽时期 \ 刀长7.1厘米、外径7.85厘米 \ 兴山县民俗博物馆藏

一刀平五千,是西汉末年王莽当政时期铸造的货币,其形制结合了刀币和圆形方孔钱的特点,独特之处在于环部上下篆文"一刀"两字黄金镶嵌,刀身"平五千"三字垂针篆书写;"一刀"二字在圆钱上,阴文错金;"平五千"三字在刀身上,阴文模铸。钱文俊美,铸造精良。"一刀平五千"以黄金错镂其文,故称金错刀。"平"的意思是"相当于",朝廷规定一枚此钱币可以买到五千枚五铢钱才能买到的物品。

金错刀是中国古钱中唯一错金工艺制成的钱币,它造型奇特、存世稀少,被众多藏家誉为"钱绝",历来被收藏者所珍爱,更受到文人雅士的青睐,留下了"美人赠我金错刀,何以报之英琼瑶""荷挥万朵玉如意,蝉弄一声金错刀"等千古佳句。

良家子

　　关于昭君的家世，史书中记载极少。《汉书》《后汉书》中记载昭君为"良家子"。汉代良家子是个特定阶层，拥有一定资产，遵循伦理纲常，是从事正业者。

　　良家女子是朝廷选秀的主要来源，其社会地位较商贾、百工之女为高。父端子孝是良家的重要体现，犯罪之家、不孝之家都不能成为良家。正所谓"国风之本在家风，家风之本在孝道"。

古史寻踪——文献记载的王昭君家世

昭君字嫱，南郡人也。初，元帝时，以良家子选入掖庭。

——范晔《后汉书·南匈奴列传》

铭文神兽纹铜镜
东汉 \ 直径14厘米 \ 兴山县民俗博物馆藏

万福垾遗址

《明妃曲》
宋·王安石

《听宋宗儒摘阮歌》
宋·黄庭坚

《嘲峡石》
宋·高观人

万福垾遗址

青瓷醉秀

汉家秦地月，流影照明妃：一朝入长安

丰容靓饰，光明汉宫，

顾景裴回，竦动左右。

　　长安城是西汉的政治中心，也是昭君出塞的起点。昭君出塞，开启了汉朝与匈奴交流交融的新篇章。公元前36年郡国献女，王昭君及笄芳龄，慧中秀外，以良家子身份入选掖庭。昭君从秭归启程经武关道进入关中至长安入宫，开启了不得见御的待诏生涯。竟宁元年（公元前33年），呼韩邪单于提出和亲意愿后，昭君请掖庭令求行，汉元帝赐后宫良家子王昭君，并改年号为竟宁。呼韩邪单于临辞大会时"昭君丰容靓饰，光明汉宫，顾景裴回，竦动左右"。

郡国献女未御见，
须命于掖庭，故曰待诏

长乐未央

"古之戎狄，今为中国"，汉王朝是中国历史上重要的开创与变革时期，有力地推动了多元融为一体、一体统摄多元格局的形成。汉承秦制，在北部边疆置边郡、筑长城、移民戍边，与匈奴和亲，将匈奴等族群纳入大一统体系，中华民族交往交流交融达到新的阶段。"各地文化共塑中原文化、中原文化反哺各地文化"，铸成了中华文化的坚实根基和深厚底蕴，进一步拓展了多元一体的中华文化发展格局，并塑造了中华民族独特的社会和文化结构。

汉长安城

公元前49年，呼韩邪单于朝汉。史书记载"单于就邸，置酒建章宫，飨赐单于，观以珍宝"。建章宫位于汉长安城外西部，建于汉武帝太初元年。

汉长安城规模宏大、街道井然、布局规整、功能完善，达到了古代城市规划、建设的新高度；其宫室和众多高级宅，凸显出都城的政治性；未央宫的石渠阁、天禄阁则体现了当时汉长安城是文化创新的中心。汉长安城遗址位于西安市西北方向，北临渭河，西倚皂河。此外，城门、宫殿、武库、凌室以及渭河、沙河古桥等，体现了汉代建筑的丰富类型；铸铁、铸钱作坊以及武库出土的铜、铁兵器代表了当时冶金技术的最高水平。

"昆阳乘舆"铜鼎

汉代 \ 通高39.7厘米、口径28厘米、腹径40厘米、耳高10.8厘米 \ 1961年12月西安市西郊三桥镇高窑村出土 \ 西安博物院藏

鼎为扁圆体，隆盖设三环钮，钮端有小短柱，以便倒置。盖与口子母扣合，沿下设一对上为环下为曲尺的附耳，腹部圆鼓，圜底，下承三蹄足。腹饰一周凸弦纹。全器重心甚低，形体粗壮，无纹饰，是汉鼎流行形制。鼎体上腹部刻有隶书铭文七行三十五字："昆阳乘舆铜鼎，一有盖，容十斗，并重六十六斤。三年，阳翟守令当时，守佐千秋，乐工造。"从铭文可知，此鼎为昆阳县上供朝廷之物。出土地点为汉长安上林苑遗址，由此判断，此鼎的置属地应为上林苑。

选秀入宫

到了汉代，广泛的族群流动、迁徙、通婚、混居，无不彰显出"无隔华夷"的交融新局面。秦时期对武关道就有经营，与楚地的交流多通过武关道来实现，南阳、襄阳一线正是关中、中原地区南下荆楚的交通要道。

公元前36年，王昭君由香溪入长江，再经南阳沿武关道过武关、商州、蓝田直抵长安，成为汉宫掖庭待诏的一名宫女，"郡国献女未御见，须命于掖庭，故曰待诏。"

"吕氏七重"漆木格

西汉 \ 通长37.3厘米、通宽25.3厘米、高4.3厘米 \ 枝江肖家山M70出土 \ 宜昌博物馆藏

木胎，通体髹漆，内壁髹黑漆，器表髹黑漆。整体呈长方形，子口，器盖缺失。内部分为大小不等的13个方格，底部矮圈足作波浪形。底部红漆隶书"吕氏七重"。

龟凤座博山铜熏炉

汉代 \ 通高26厘米、底盘径19厘米 \ 西安市西关南小巷出土 \ 西安博物院藏

炉身近豆形，炉盖作山云图案，柄作凤鸟形，座为玄武状，下有承盘。
熏炉为圆形，敛口，鼓腹，圜底。上有盖子，子母扣。盖呈山峦形，山峰林
立，飞禽走兽栖息于其间。炉身内放置香料，香气透过山峦间的缝隙向外溢
出，弥漫于空气之中。山峰间点缀树木、花豹、野猪、猴子等，还有持弓弩的
猎人出没。炉腹有一宽一窄两层弦纹。炉柱作凤鸟状，头顶熏炉，双足直立踏
在龟背中央。鸟颈直竖，双目椭圆，尖喙，双翅张开，翘尾平折舒展。被踩凤
鸟足下的玄武座为龟蛇合体，龟头仰起，四肢伏地，背部以云雷纹饰龟背纹，
一蛇绕龟躯盘曲。承盘平折缘，直斜壁，下腹折收，小平底，底部中间一铆接
炉柱的铆钉清晰可见。此熏炉的造型和装饰颇具匠心，其造型的既讲求实用又
注重美观，既是高雅的装饰物品，又是很富有科学性的实用器物。

铜蒜头壶

汉代 \ 高41.24厘米、口径3.7厘米、腹径22.6厘米 \ 西安博物院藏

器体瘦高，短直口，缘下一周呈倒蒜头形，颈部细长，圆腹略扁，下承圈足微撇。蒜头壶是一种储酒或直接饮酒器，出现于战国晚期，最初仅见于秦地，秦代和汉初亦仅见于陕西及周边的湖北、四川、河南等邻近地区，且均出自秦人墓，其后山东、广东、广西等地亦有发现。西汉中期以后，蒜头壶逐渐消失，而代之以直口长颈的扁腹圈足壶。这件蒜头壶，腹较扁，圈足略高，相同造型的在湖北云梦大坟头M1也曾出土，属西汉早期器。

铜四灵执炉

汉代 \ 长14.5厘米、高9.3厘米、宽7.8厘米 \ 西安市大白杨废品库征集 \ 西安博物院藏

炉上部为椭圆形，口沿上有四个支钉，四壁镂雕四神，两侧壁为青龙、白虎，两端壁为朱雀、玄武。青龙巨目长嘴，独角后卷，前脚曲卧，后脚蹬地，欲起腾空，威武雄健。白虎为行走状，睁目抿耳，张口龇牙，长尾卷曲，粗足利爪，身带斑纹，凶猛有力。朱雀，屈腿欲起，回首巡视，振动双翼，双翼、尾巴、凤冠的羽毛细腻。玄武，即龟蛇纹，蛇缠绕于龟身，睁目张口，冲向龟首，立龟昂首侧视，准备以抗争，龟蛇双争凶猛狰狞，生动活泼。炉下部为长方体，底有十枚长方形孔，是烧炭的通气孔与落灰处。炉下两侧近角处四足为四人肩抬状，腹底中间有一圆形柱足。迄今，同类型器物在北方的陕西、山西、河北和南方的安徽、湖南都有出土，皆系西汉遗物。

龟形铜灶

汉代 \ 通高19厘米长15.8厘米最宽处12.5厘米 \ 陕西省榆林地区出土 \ 西安博物院藏

这套灶具为一套组装器，由灶体、烟筒、釜、甑等组成。灶体较扁，平面略呈弧腰三角形，台面有一单灶眼，后端有一直竖的兽首形烟筒，张开的大口可出烟，灶门为长方形，灶底平，下承四蹄足。灶眼上置圜底的釜，为盛水器。釜上面承盆形甑，其底有圆形箅，用于蒸食物。此灶为单眼灶，出现时间较晚，多见于东汉晚期。

铜壶

汉代 \ 高34.5厘米 \ 昭君博物院藏

器侈口，长颈，深鼓腹，圈足，盖略上拱，缘置三环纽，肩腹处有对称的兽面纹铺首衔环耳，整体造型敦实稳重。

铜钫

西汉 \ 通高41.4厘米，口径11.6厘米，腹径21.6厘米 \ 2003年西安市未央区枣园村出土 \ 西安博物院藏

铜钫，盖呈覆斗形，盖面四角各有一附耳。钫方口略侈，高颈，斜肩，方腹弧壁，圈足较高，肩部设一对铺首衔环耳。通体素面。钫是古代盛酒浆或粮食的铜器。初见于战国，流行于西汉。这件铜钫出土于一座大型汉代长斜坡墓道单室墓。墓中除铜钫外，还有铜鼎、茧形壶及101件玉片，尤其出土的一件鎏金凤鸟铜锺内装有26公斤酒。从墓葬形制及出土物可以看出，该墓是西汉中期的列侯级别贵族墓，该件铜钫极有可能是皇室御用品。

铜雁足灯

汉代 \ 高22厘米、直径18.2厘米 \ 西安市北郊出土 \ 西安博物院藏

灯由灯盘、灯座和承盘组成。灯盘为圆形，方口唇，直壁平底。座为四爪雁足，雁足直立，上分三叉，支承灯盘。座下有托盘，宽斜折沿，上腹壁直，下腹折收，平底有圈足。

在我国古代，雁被视为一种信鸟，用于缔结婚姻的纳彩或大夫相见时的赘礼，还将它比喻成传送书信的人，故而雁足也被视为吉祥之物。这种灯出现于秦代，西汉晚期至东汉初期最为流行。这件灯座的上部分叉，为西汉晚期特征。

铜雁形熏

汉代 \ 高15.5厘米、长18.5厘米、宽9厘米 \ 西安市郊区赵家湾出土 \ 西安博物院藏

鸿雁昂首挺胸，睁目仰视，长嘴向上，双腿直立。雁头顶羽毛以浮雕手法表现，腹中空。背为盖，子母扣，盖面隆起，镂空作六条交叉蟠曲的螭龙纹，在腹内燃烧薰草，烟气从镂空处飘出。其结构巧妙，形象生动，富有浓厚的生活气息。此型熏炉主要见于西汉中晚期。

宋洪刍《香谱》记载："香兽以涂金，为狻猊、麒麟、凫鸭之状，空中以燃香，火烟自口出，以为玩好。"西汉时期，文化呈现多元化的态势，使得这个时期的青铜器呈现出多样性的面貌。汉武帝时期，青铜器开始大面积运用于雕塑装饰宫观建筑。据记载，未央宫、建章宫中的捧露盘仙人铜像便是极为典型的代表。除此之外，在建章宫南宫门、东阙和北阙上的相风铜乌和铜凤，上林苑飞廉观上的铜飞廉和未央宫金马门前的铜马等更是充分地证明了，青铜器已经开始应用在更广泛的领域之中。

鎏金错银铜虎镇

汉代 \ 高高3.1厘米，底径6.1厘米 \ 1973年西安市未央区未央宫乡李一壕村出土 \ 西安博物院藏

一组四件，形态各异，均为说唱俑，身着交领宽袖长袍，腰系带。一件头戴风帽，后发髻外露，胡须清晰可见，屈膝坐于地，左手着地支撑，右肘支于腿部，前臂曲起，张手做手势状，左肩高右肩底，探身伸首，谈笑兴致正浓；一件姿态与之相仿，似在侃侃而谈，神情略显庄重；一件伸颈躬背，鼓腹圆挺，跽坐于地，双手扶膝，张口作说唱状；一件屈腿偏坐，右手撑地，左臂搭于腿，垂头眯眼似睡。

这四件人物形镇均采用合范铸成，表现的是百戏俑在说唱表演时的生动场面。其题材取自现实的生活，人物的造型逼真写实，表情姿态生动自然，体现出较高的人物雕塑艺术水平。

鎏金卧虎镇

汉代 \ 1974年西安市灞桥区狄寨乡出土 \ 西安市北郊第二机砖厂出土 \ 西安博物院藏

虎作蜷卧状，前肢伏地，后肢侧卧。虎首昂起，巨目阔鼻，颈戴项圈，沿背脊间饰双勾 "C" 形纹和小圆圈，脊两侧以双阴线为廓，腹部满饰双线流云纹。虎体内空，外表通体鎏金。此镇形体硕大，虎的形态较为写实，属西汉早期风格。

博戏人物铜镇

汉代 \ 高8.5—9.2厘米、底径6.5—7.4厘米 \ 西安市未央区大白杨村出土 \ 西安博物院藏

一组四件，形态各异，均为说唱俑，身着交领宽袖长袍，腰系带。一件头戴风帽，后发髻外露，胡须清晰可见，屈膝坐于地，左手着地支撑，右肘支于腿部，前臂曲起，张手做手势状，左肩高右肩底，探身伸首，谈笑兴致正浓；一件姿态与之相仿，似在侃侃而谈，神情略显庄重；一件伸颈躬背，鼓腹圆挺，踞坐于地，双手扶膝，张口作说唱状；一件屈腿偏坐，右手撑地，左臂搭于腿，垂头眯眼似睡。

这四件人物形镇均采用合范铸成，表现的是百戏俑在说唱表演时的生动场面。其题材取自现实的生活，人物的造型逼真写实，表情姿态生动自然，体现出较高的人物雕塑艺术水平。

一组四件，形态各异，均为说唱俑，身着交领宽

展翅翼兽

西汉 \ 通高29厘米、长28厘米 \ 1979年3月西安市未央区红庙坡村出土 \ 西安博物院藏

翼兽双耳长而尖向后直伸，双目突出，长吻长身。体略前倾，四腿粗壮，前足伏地，后足略屈，似乎随时就要扑跃而起。胁生双翼，状如鹰翅，作振翅欲飞状。灰陶质。古代的居民相信人死后会进入另一个世界，那就是"冥界"，那里不但和人世间一样，有着贫富差别，还存在着各种侵袭和骚扰。为了使死去的人在阴间不受骚扰，人们发明和创造了许多离奇的怪物，我们今天笼统地称之为辟邪神兽。这种怪物虽非现实生活中的原物，但其本身的造型又来源于现实生活。各个时期的辟邪神兽不一样，反映了不同时期的文化风貌。

踞坐陶俑

汉代 \ 高31厘米 \ 1990年西安市未央区十里铺村出土 \ 西安博物院藏

女俑头发向后梳拢，顶部中分，至颈后收束为长垂髻，即所谓"堕马髻"。此俑长眉细目、隆鼻、小口、面庞丰满，表情恭顺，为一女性形象。外罩朱红色长袍，彩绘有脱落，内着双重衣，袖子宽阔而腰部纤细。抬头挺腰、双腿跪坐，膝盖着地、臀压脚跟，呈踞坐状。双手分开平举于胸前，手半握，原当持有物，应为持槌奏乐俑。

西汉陶俑较之秦俑，陶俑体量缩小、服饰简约、造型朴素，使得大规模使用模制工艺成为可能。以模制为主、手塑为辅的制作工艺不仅提高了工匠们劳动效率，也实现了陶俑制作技术上的突破，这也恰好证明了模制工艺在西汉陶俑制作过程中的普及性与实用性。

铜羽人

汉代 \ 高15.5厘米、宽9厘米 \ 1964年西安市汉城南玉丰村遗址出土 \ 西安博物院藏

羽人为踞坐姿，长脸尖鼻，颧骨、眉骨隆起,两个大耳竖起高出头顶,脑后梳有锥形发髻。初看面目狰狞，细看则眉宇眼角间隐隐流露一丝笑意。羽人身向前伸，穿一件无领紧袖交襟长衣，宽肩束腰，背部有卷云纹双翅。两臂肘向前斜垂而屈伸，左手并拢直伸，右手直指向内，两手高低形成似拱方形器物形状，两膝盖间有一半圆形竖洞，底部有一小孔,是为固定所拱器物用的。羽人臀部坐脚跟，衣服后露出一对赤脚。羽人在我国古代文献中的记载历时已久，其内容都与不死的传说或仙化的思想相联系。在诸多的汉代艺术品中，"羽人"是最能表现汉代升仙、神仙思想的形象之一，它的特殊造型是两汉时期人们祈求羽化升仙的最典型的代表物证，同时也正是汉代人们认为能通过"羽化升仙"实现其成为"神仙"梦想最有效途径的明证。

灰陶滑稽俑

东汉 \ 长6.6厘米、宽6.6厘米、通高11.3厘米 \ 洛阳防洪渠二段
M72出土 \ 洛阳博物馆藏

陶俑头戴帻，上身袒露，下着宽腿裤。俑露齿微笑，眉
眼弯如月牙，颧骨突出，额头皱纹堆积。左手抚耳呈倾
听状，右臂下垂手掌舒展。扭腰摆臀，大腹便便，模样
滑稽可笑。传神地刻画出滑稽俑表演时的某个瞬间。

彩绘倒立陶俑

汉代 \ 长5厘米、宽3.6厘米、通高10.1厘米 \ 洛阳防洪渠二段
M72出土 \ 洛阳博物馆藏

陶俑双臂紧绷，双手平握一多棱棍，头向后仰与身体
几乎呈90度。后背弯曲出优美的弧线，小腿紧贴臀
部。以静态的陶塑表现出杂技俑倒立时的瞬间动态之
美。这类杂技俑在汉墓中多是多件成套出土，是汉代
杂技百戏活动高度发达的见证。

彩绘陶抚琴俑

东汉 \ 长9.3厘米、宽4.8厘米、通高8.6厘米 \ 洛阳防洪渠二段
M72出土 \ 洛阳博物馆藏

陶俑头戴冠，身穿右衽宽袖袍，跽坐于地，琴置于大
腿之上，上身挺直，双手轻抚琴面，作抚琴状。乐舞
俑在汉墓中多是成套出现，是汉代乐舞高度发达和成
熟的明证。

透雕龙凤纹玉佩饰

东汉 \ 长7厘米、宽5.6厘米 \ 洛阳
机瓦厂汉墓出土 \ 洛阳博物馆藏

青玉质，两端有棕色俏色。整
体为透雕的四神缠斗图案，两
面纹饰相同。中央为龟蛇缠绕
的玄武，玉佩中间圆孔四周阴
刻出龟甲纹。龟的前部为凤鸟
和蛇相互缠斗撕咬，龟的尾部
则盘踞着一龙一虎。整件玉佩
雕工精细，构思巧妙，方寸之
间四神具备，是汉代四神信仰
的生动体现。

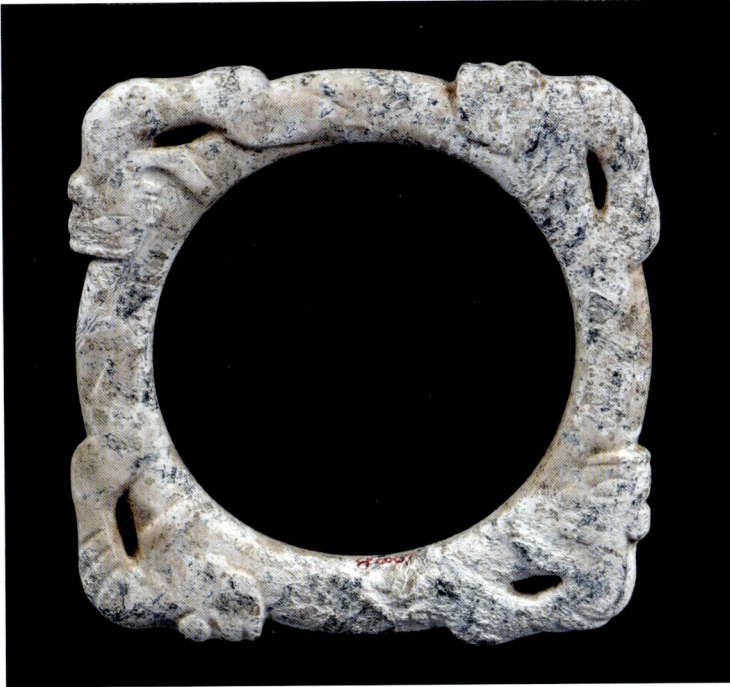

伏人玉环

东汉 \ 内径7.5厘米、口径9.8厘米 \ 洛阳涧西158厂汉墓出土 \ 洛阳博物馆藏

青玉质，受沁严重。玉环外侧等距伏卧四个玉人。玉人装束姿态相同，均头戴平冠，发髻结于脑后，大鼻头，巨大的枣核状眼夸张的延伸到后脑。玉人头伏于环上，四肢环抱玉环，腰部拱起并不贴于环上。

鎏金铜龙首柄

东汉 \ 长14.8厘米、高4.8厘米 \ 洛阳偃师寇店乡西朱村出土 \ 洛阳博物馆藏

龙首柄通体呈弧形，中空，应是器物之把手，尾部上下各有一个打有圆孔的突出部以铆接固定于其他物体上。龙张口吐舌，獠牙外露，嘴内涂朱。鼻孔圆形，鼻梁修长起伏，双眼略呈三角形。双耳状如柳叶紧贴于头侧，细长锥形双角亦贴于头顶，颌下刻划多条平行阴线表示鬃毛。吻部、鼻梁、头顶、双角等部位均装饰有阴线刻的圆圈纹。龙颈部以阴线刻满三角形鳞片，鳞片上均阴线装饰一圆圈纹。这件铜龙首柄通体鎏金，对龙的表情和细部的刻画栩栩如生，展示了汉代工匠杰出的青铜塑造艺术。

夔龙凤纹铜镜

汉代 \ 直径18.7厘米 \ 1991年西安市未央区方新村出土 \ 西安博物院藏

圆形，圆钮，圆钮座，画纹带缘。座饰九枚乳丁纹，间饰"C"形云纹。主区由三周栉齿纹带分隔为内外两个环带。内圈饰二方连续式"∞"形抽象龙纹，两两间饰小圆珠相隔。外圈饰以连弧纹座乳丁七枚，其间饰青龙、白虎、朱雀、玄武等四神图案。镜缘饰三角锯齿纹与变形四神纹。对于七乳间禽兽的含义，各有不同解释。《博古图录》称为"四灵三瑞"，四灵即四神，三瑞是何物则不具体。日本学者将此七项称为朱雀、鼓瑟吹竿、夔龙、龟游莲叶、天禄、白虎、白鹿、蛤蟆等。也有人认为，七项中除四神外，其他三项是现实生活中所见的动物等。虽众说不一，但七种禽兽均是与神话传说有关的瑞兽则无可怀疑。

四乳丁栉齿纹铜镜

汉代 \ 直径8.5厘米 \ 呼和浩特博物院藏

整体呈圆形，正面是光滑的镜面。背面中心位置是一圆钮，钮座外为一圆格，圆格四方排列四乳丁，主纹为浮雕式的灵兽纹，即青龙、白虎、朱雀、玄武，由这几种动物组合成的一组图案，又称"四灵纹"。外区一圈栉齿纹，高棱缘。整个画面象征着宇宙图式，圆形的镜子含天圆地方之意。此铜镜，整体构图细腻，寓意更是吉祥。

"吾作明镜"仙人神兽纹铜镜

汉代 \ 直径10.4厘米 \ 呼和浩特博物院藏

呈灰黑色，圆形，半球形钮。高浮雕纹饰表现的是东王公、西王母、伯牙弹琴和老子。画纹带边饰"吾作明竟"铭。四位神人与瑞兽相环绕镜钮，神人须发细腻精美，眉眼手掌清晰可辨，所着华服精美长带飘荡；四瑞兽头部突出，浮雕而成，鬃毛飘荡，身躯孔武，利爪苍劲。高浮雕神人神兽镜是受道家思想熏陶的图形样式。其中不仅有各路神仙，也有创立了道教思想的老子，老子的入画说明了此时的铜镜设计者不再推崇单一的众神，而给圣贤、哲人同样在天国具有一席之位。其次，伯牙的入图，更是从世俗生活着手，表现了人们对于知音好友的渴望和珍惜。

见日之光铜镜

汉代 \ 直径12.6厘米 \ 呼和浩特博物院藏

镜面光亮，背面中央饰一圆状纽，纽座置于弦纹之内，主要纹饰系八曲连弧纹，纽座外有一圈铭文"见日之光"。乍看上去与一般铜镜并无区别，在承受日光或聚光灯的照射时，反射后投影到壁上，壁上的光斑中就会奇迹般地显现出镜背面的图案、铭文，好像光线透过铜镜，把背面图案、文字映在壁上似的，故称透光镜。汉代之后的众多铜镜逐渐变平、变大，纹饰也更加复杂，所以无法产生透光效果。

"长宜子孙"铭铜镜

东汉 \ 直径22.9厘米 \ 1998年西安市雁塔区西安石油学院出土 \ 西安博物院藏

圆形，圆钮，柿蒂形钮座，柿叶间各有铭文一字，连读为"长宜子孙"。镜背三周栉齿纹将纹饰隔成内外二周纹带，镜缘宽平。内区宽弦纹外为八内向连弧纹，弧度较大，其间有花瓣及山字形纹相间排列。外区为细密的云雷纹，云雷纹由圆涡纹和两两错置的三角纹组成。这种素平宽缘长宜子孙铭连弧云雷纹镜，各地出土较多，铸造较精者，出土后镜呈银白色，仍可照人，体较厚重。

汉景帝阳陵

汉阳陵是西汉景帝刘启与王皇后同茔异穴合葬的陵园,陵区内200多座陪葬坑中出土的武士俑披坚执锐、严阵以待;侍女俑宽衣博带、美目流盼;动物俑累千成万、生动异常。其丰富的随葬品是汉代"事死如事生"丧葬观念的真实体现。汉阳陵是迄今发现保存最为完整的汉代帝陵陵园,因而成为人们了解、研究汉代帝王陵寝制度以及汉代历史文化的重要实物资料。

汉阳陵宗庙建筑遗址发掘现场

事死如事生

汉代主张"事死如事生,事亡如事存,孝之至也",故厚葬成风,许多诸侯王陵随葬品奢华丰富。"凡生人所用之器,无不可为从葬之器",形成了特色鲜明而又内涵丰富的汉代丧葬文化。考古出土了大量汉代文物,其中既有豪华的楼宇院落,也有肥硕的牲畜家禽、琳琅满目的灯具、熏炉、炊器、酒器以及各种男女偶俑,众多做工精湛、装饰华美的珍贵文物,展现了汉代社会经济繁荣的历史事实。

汉景帝阳陵外藏坑遗址出土陶俑现场

着衣式彩绘武士俑

西汉 \ 肩宽8.9厘米、通高60厘米 \ 汉景帝阳陵博物院藏

着衣式武士俑平均身高约62厘米，裸体。通体施有橙红色彩绘，头发、眉毛、瞳仁均呈黑色。头发由额际中分经两颊，至脑后合拢上折，于头顶绾髻，横笄。笄已朽。据考古迹象表明，武士俑原本安装有可以活动的木质手臂，身穿丝质或麻质的服饰，由于深埋地下，年代久远，致使衣物腐朽、木臂成灰，出土时以裸体缺臂的状态面世。

着衣式武士俑人体比例均匀，胸肌隆起，臂部敦厚，双腿修长，散发着阳刚之美。武士俑挺胸抬头，双目有神，面带微笑，具有较强的艺术感染力，他们所体现出的愉悦自信、宽松安详、雍容博大、蓬勃向上，正是西汉时期繁荣的物质文化和精神风貌的真实再现。

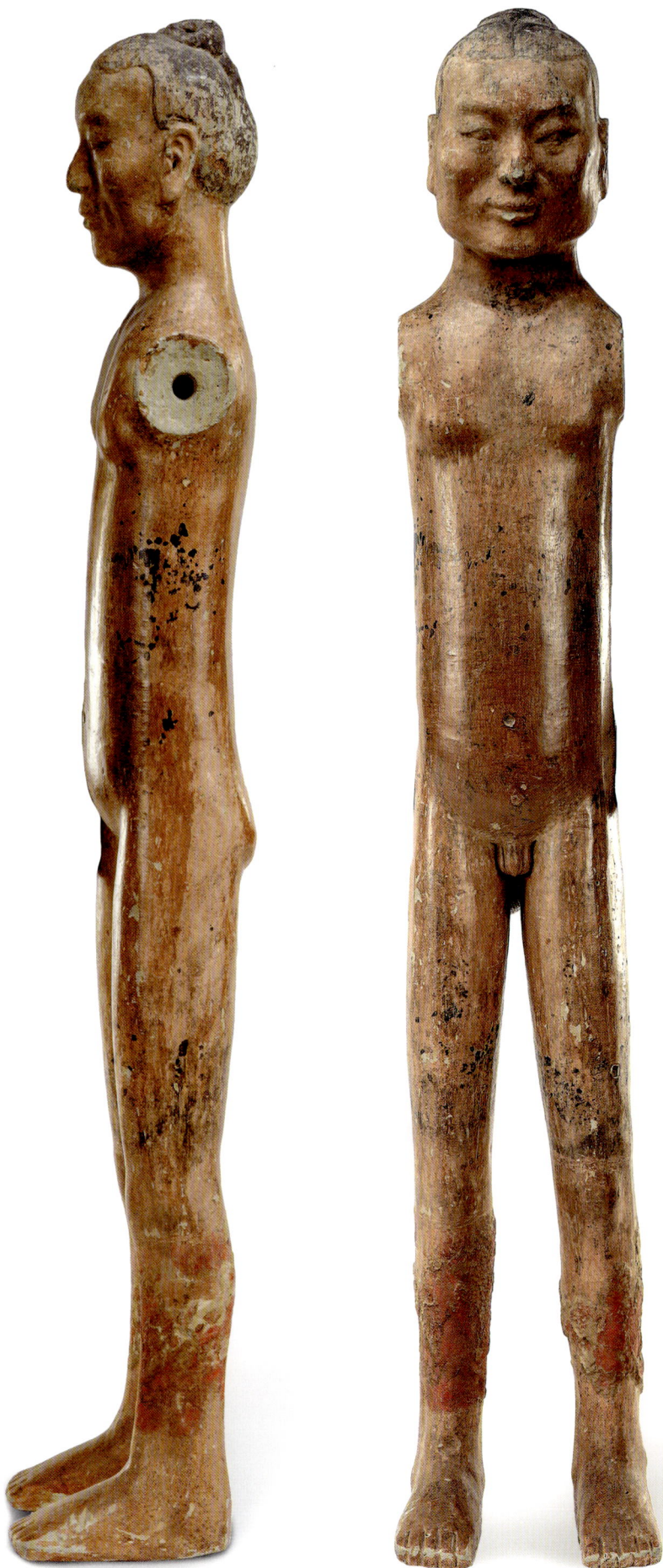

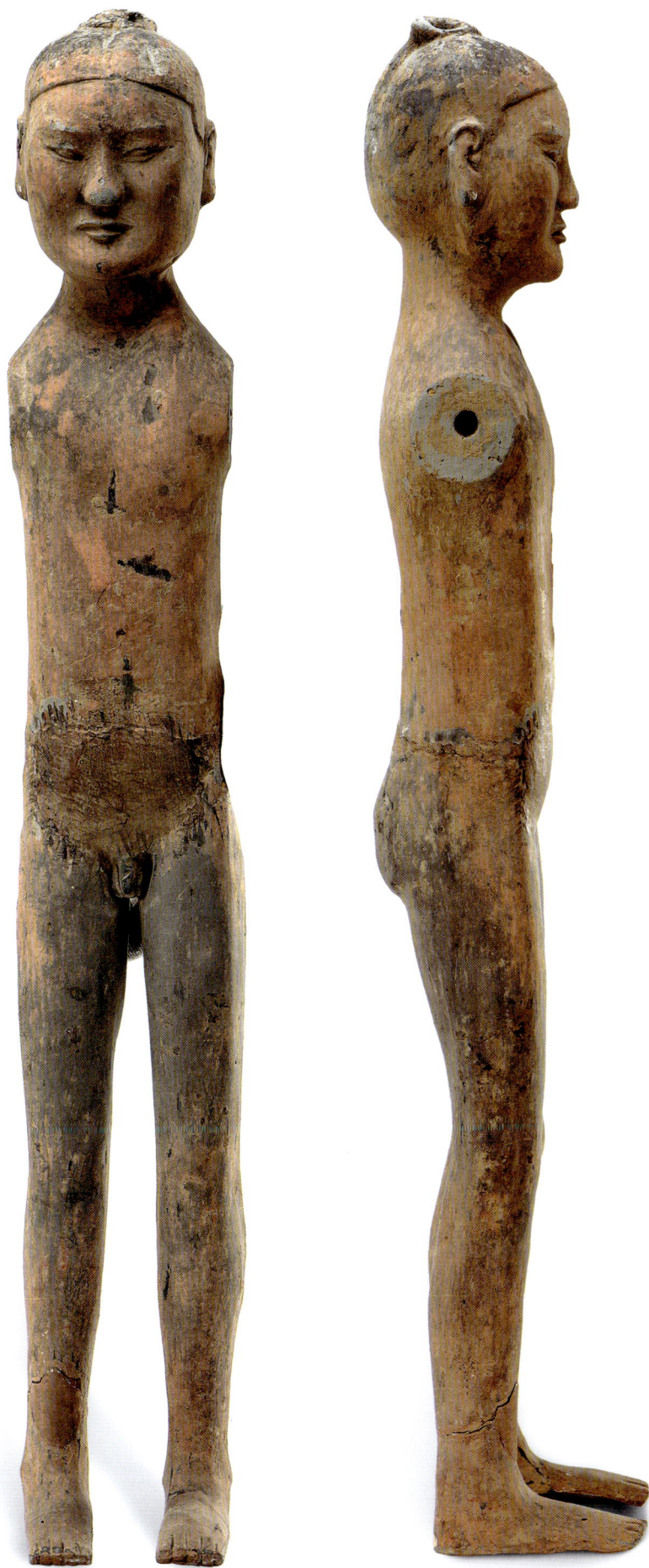

着衣式彩绘武士俑

西汉 \ 肩宽8.5厘米、通高57.1
厘米 \ 汉景帝阳陵博物院藏

着衣式彩绘武士俑:裸体缺
臂状，色如真人，头发、
须眉、瞳仁点画黑色。一
般高58-62厘米。身体各
部位比例均匀，细部塑绘
精致、逼真。面部刻画尤
为传神，脸庞有圆、长、
阔、椭等形状。表情丰
富，千人异面。发髻前额
中分，梳于脑后，结为一
股盘于头顶，留有圆孔，
原应横插笄。肩部横截面
有一圆孔，原装有木质臂
膀。入藏时身穿麻质或皮
质的服饰、甲胄，代表各
自不同身份、职位。发掘
出土时，服饰、木质胳膊
等有机质均已腐朽。

着衣式彩绘女俑

西汉 \ 通高53厘米、肩宽8.4厘米 \ 汉景帝阳陵博物院藏

着衣式彩绘女俑，泥质灰陶，通体施彩。瓜子脸，眼睛微眯，鼻子高挺，嘴唇微薄，头发为前额中分梳于脑后打结，体形纤瘦，神态自然、表情平和。眼、鼻孔、耳、肚脐、生殖器官、脚趾刻划细致。此类女俑在阳陵出土较多，躯体身高相似。

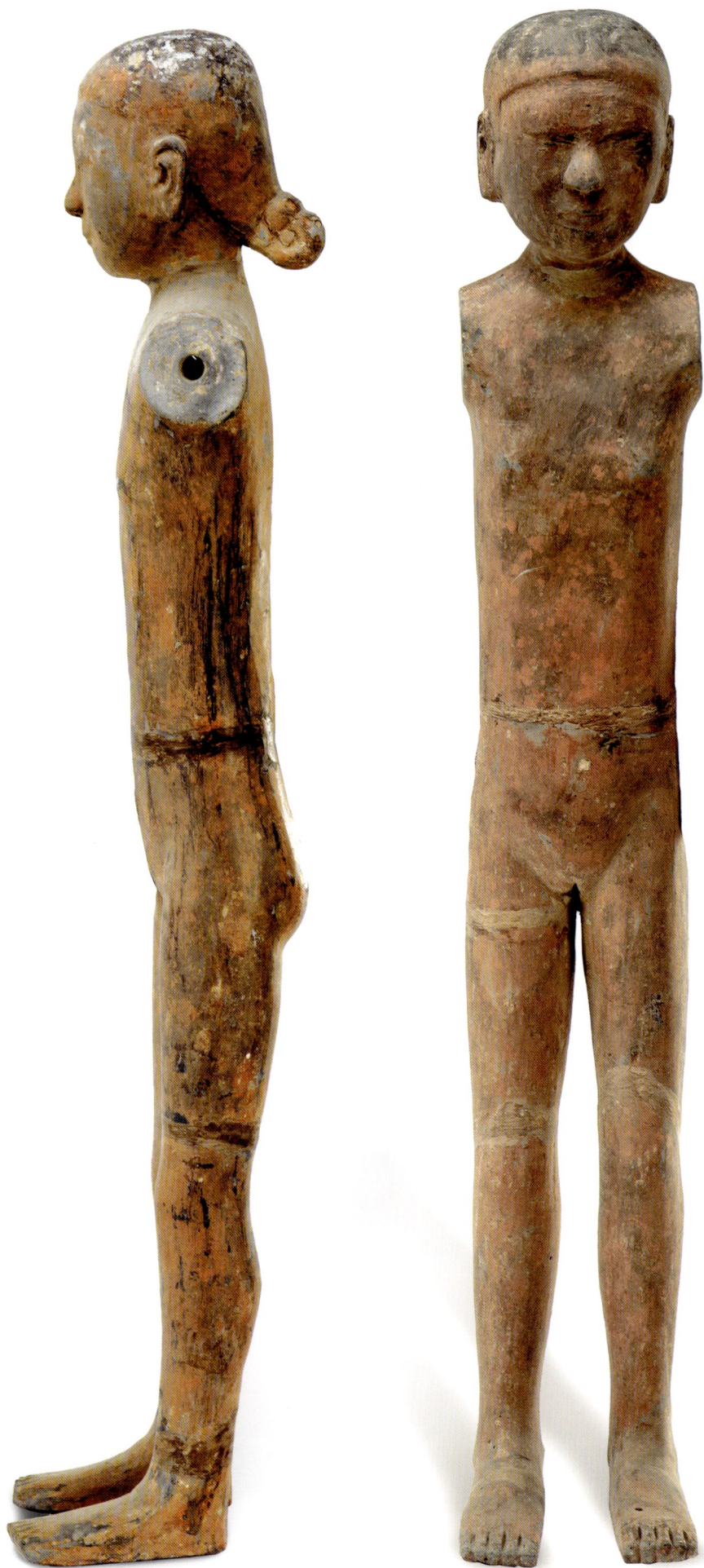

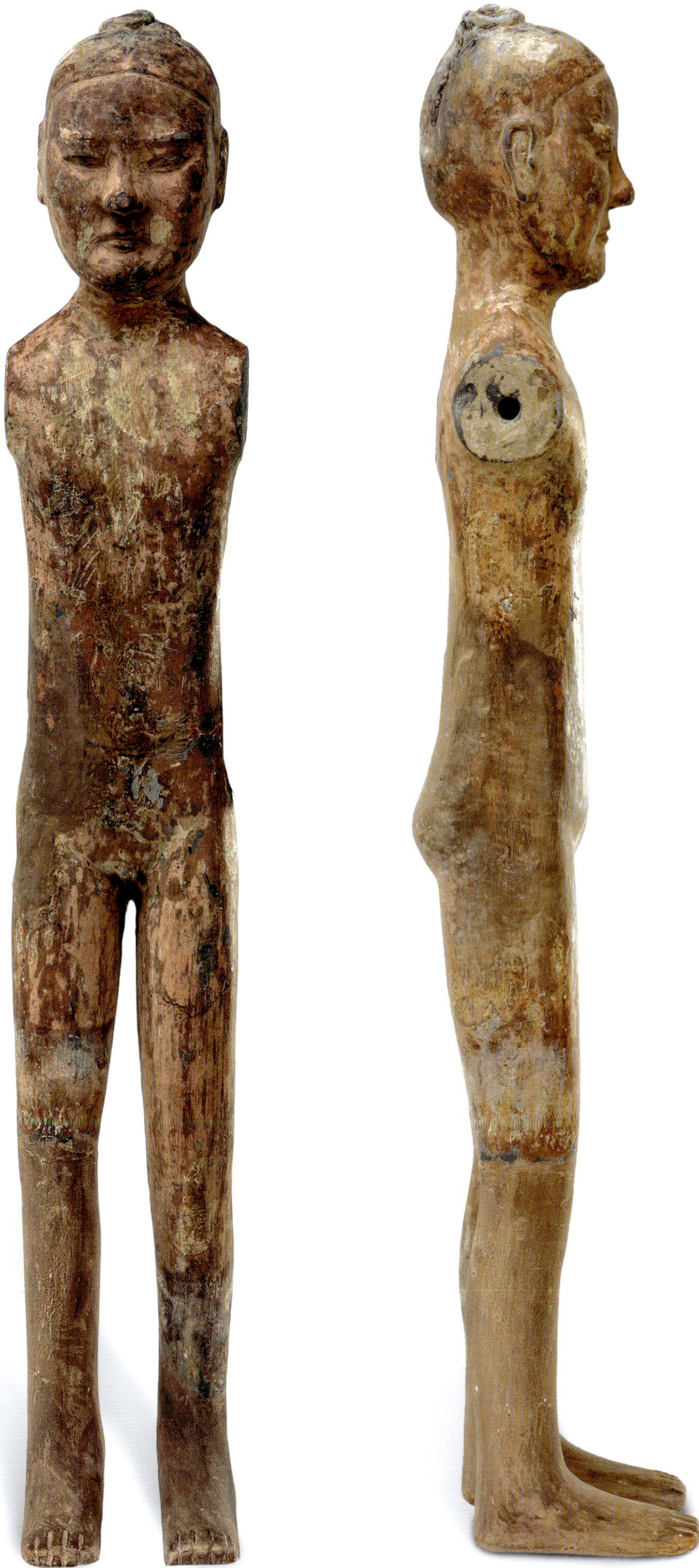

着衣式彩绘宦者俑

西汉 \ 肩宽9厘米、通高46.5厘
米 \ 汉景帝阳陵博物院藏

着衣式彩绘宦者俑，裸
体。通体施有橙红色彩
绘，头发、眉毛、瞳仁均
呈黑色。头发由额际中分
经两颞，至脑后合拢上
折，于头顶绾髻，横笄。
笄已朽。据考古迹象表
明，宦官俑原本安装有可
以活动的木质手臂，身穿
丝质或麻质的服饰，由于
深埋地下，年代久远，致
使衣物腐朽、木臂成灰，
出土时以裸体缺臂的状态
面世。

宦官俑是目前见到的最早的
宦官形象。汉代工匠通过细
腻刻画宦官被阉割之后那残
缺不全的器官和猥琐的面
容，表达了"刑余之人"内
心的凄楚和悲凉，反映了当
年专制王朝下宦官制度的暴
虐和无道。

着衣式彩绘骑兵俑

西汉 \ 高51.4厘米、宽32.7厘米 \ 汉景帝阳陵博物院藏

着衣式骑兵俑身高约53厘米，裸体，双腿分开作骑马状。骑兵俑通体施有橙红色彩绘，头发、眉毛、瞳仁均呈黑色。头发中分，自脑后挽结成髻。据考古迹象表明，骑兵俑原本安装有可以活动的木质手臂，身穿丝质或麻质的战袍和皮质或革质铠甲，由于深埋地下，年代久远，致使衣物腐朽、木臂成灰，出土时以裸体缺臂的状态面世。骑兵俑眉脊如山，颧骨突出，神情冷峻，目光果敢，显得英姿飒爽又十分剽悍。汉代工匠以健劲的线条表现出了骑兵勇敢无畏的气概。

骑马俑的发现佐证了南区外藏坑的军事性质，成为研究汉代军事制度及人员构成的重要实物资料。

彩绘骑兵俑

西汉 \ 长34.3厘米、宽11.2厘米、高37.5厘米 \ 汉景帝阳陵博物院藏

泥质灰陶，陶马通体施彩，马首平仰，双耳竖立，耳鼻口内绘有彩绘，颈高抬，颈粗短，身体肥硕，尾上跷微卷，腹部有一圆形透气孔，背上披带有团的彩色坐垫，马上骑一人俑，俑人的下半身与陶马一体塑成，上身笔直，双臂弯曲前伸，双手握拳呈拉马缰绳状，头戴黑色武弁，红色陌额，头顶有一圆形透气小孔，面施白彩，甲、襦、领、袖、下摆均施不同彩绘，双腿前伸施白彩。

彩绘陶山羊

西汉 \ 长38.6厘米、宽12.8厘米、高29.1厘米 \ 汉景帝阳陵博物院藏

灰陶质，局部保留有褐红色彩绘痕迹。陶山羊躯体浑圆，四肢直立，头部上仰。两耳竖起，双目温顺善良，下巴有一撮胡须下垂，小尾上翘，头上的木质犄角已朽，留有插角的两个圆孔。陶山羊神态自若，温顺可爱，洋溢着浓郁的生活气息。

彩绘陶绵羊

西汉 \ 长43.5厘米、宽14厘米、高38厘米 \ 汉景帝阳陵博物院藏

灰陶质，身躯肥胖，四肢细长，两耳斜垂，嘴巴微张，臀部肥大。神态安详，呈现出一副温顺可爱之态。汉代工匠用高度概括的手法，将绵羊生动的神情与静止的躯体形成鲜明的对照，把动势含而不露地蕴于静止之中，使陶绵羊栩栩如生。

彩绘陶牛

西汉 \ 长71厘米、宽24厘米、高37厘米 \ 汉景帝阳陵博物院藏

彩绘陶牛，泥质灰陶，通体施灰彩，彩绘部分脱落。身躯壮实，四腿如柱，腹部圆滚敦实，竖耳直立，颈部粗短，眼睛外鼓，抵角根处有两个圆孔，尾部有一圆孔，原有有机质的抵角和尾巴。

彩绘陶狼狗

西汉 \ 长33厘米、高19.3厘米 \ 汉景帝阳陵博物院藏

灰陶质，着黄色彩绘。陶狼狗两耳斜竖，凶猛而机警，双目炯炯有神，嘴巴细长，两腮外鼓，脖颈较短，身躯壮实，四肢有力，长尾下垂。陶狼狗形神兼备，栩栩如生。汉代工匠以简练的手法，将高度警惕、饱含野性、桀骜不驯的狼狗的性格表现了出来。

彩绘陶家狗

西汉 \ 长31.2厘米、宽10.4厘米、高21.5厘米 \ 汉景帝阳陵博物院藏

彩绘陶家狗，灰陶质，着黄色彩绘。两耳直竖，双目微鼓，嘴巴粗短，身躯肥硕，四肢粗壮，尾巴自然而有力地卷在脊背上。陶家狗造型生动，刻画传神，汉代工匠以洗练的手法表现出了家狗活泼、机灵、温顺的性格。

彩绘陶公猪

西汉 \ 长44厘米、宽16厘米、高24厘米 \ 汉景帝阳陵博物院藏

泥质灰陶，通体施彩。猪不仅是重要的肉食品，也是财富的象征。在阳陵外藏坑和部分陪葬墓中多有出土，有公猪、母猪和乳猪之分。公猪头部较大，嘴闭合，两侧獠牙外露。双眼圆睁，大耳下垂，身体肥壮，四肢粗短，作站立状。尾部有一个圆孔，原装有有机质尾巴。

彩绘陶乳猪

西汉 \ 长16厘米，高6厘米 \ 汉景帝阳陵博物院藏

乳猪通体白色。乳猪昂首噘嘴，四肢分开作前倾状，憨态可掬。

彩绘陶马

西汉 \ 长70厘米、宽18厘米、高59.5厘米 \ 汉景帝阳陵博物院藏

彩绘陶马，以真实马匹为原型，按比例缩小而制。泥质灰陶，模制中空，通体施枣红彩绘。马首微昂，耳宽嘴阔，鼻孔大张，双目凝视前方，眼眶外凸，颈粗短。肥柱状腿身体健壮。鬃毛处有凹槽，马尾根处留有安插尾巴的圆形孔，原应安装有有机质鬃毛和尾巴，现已腐朽。

秦汉时期陵墓外藏坑是墓主人现实生活中家宅附属设施的再现，在某种程度上反映了墓主人下葬之际的社会现实。《后汉书·马传》："马者，兵甲之本，国之大用，安宁则以别尊卑之序，有变则济远近之难。"

彩绘陶马头

汉代 \ 长15厘米、宽57厘米、高16厘米 \ 许昌市博物馆藏

马头颈部健硕有力，鬃毛挺立。马嘴微张，露出舌头，仿佛发出唭唭的鸣叫声。整体造型写实，栩栩如生。

彩绘骑马陶俑

汉代 \ 长30.6厘米、宽12.8厘米、高47.6厘米 \ 许昌市博物馆藏

通体彩绘大部分已脱落。马身高大健硕，长颈短腰，四肢挺立，昂首作嘶鸣状。骑手头戴赤帻，着短襦，双手于胸前作握缰绳状，上身挺直，下端有隼插入马背圆形孔中，双腿贴塑在马的腹背两侧。

浮雕神兽纹陶井栏

西汉 \ 长22.6厘米、宽21.1厘米、通高12.2
厘米 \ 洛阳北邙角下岳家村汉墓出土 \ 洛
阳博物馆藏

井栏呈长方体形，四根圆形立柱连接
其底部四根原木及顶部四根方木，构
成井栏框架。顶部两短边方木上有长
方形插孔，上部原应有井架。井栏四
面围栏外周均有菱格形几何纹装饰，
内里均有浮雕，正面中央浮雕虎噬猪
图案，背面中央浮雕狮噬猪图案；两
侧面一边中央浮雕一行走的有翼神
兽，一边中央浮雕一双手持物的兽面
人身怪兽形象。井栏正面有一长方形
水池，水池中浮雕一环首刀、一鳖、
一鱼。

陶井

西汉 \ 直径18.7厘米、高32.2厘米 \ 汉景帝阳陵博物院藏

泥质灰陶,通体灰黑色,井架呈拱形圆柱状架于井沿上,拱顶上建有井亭,双面屋檐状,有瓦脊。亭下雕刻有滑轮,滑轮中上有一圆穿孔,井筒呈圆筒状上窄下宽,平底。

带盖陶仓

西汉 \ 最大檐径16厘米、高28厘米 \ 汉景帝阳陵博物院藏

带盖陶仓,汉代储粮器具,此仓形制简朴,顶部小圆口,外为屋,平底三兽足。用陶仓从葬,表明墓主生前的富足。虽为明器,却真实地反映了汉代储粮器具的科学设计。

博山盖弦纹铺首灰陶壶

汉代 \ 通高49.2厘米、底径22.2厘米 \ 许昌市博物馆藏

盖呈博山形，盖沿与壶口大小想当。壶直口，束颈溜肩，鼓腹圈足。肩至上腹部饰两组弦纹，腹部有对称的铺首，鼻梁凸起变成双系。

带盖弦纹铺首衔环灰陶壶

汉代 \ 通高45.3厘米、口径17.5厘米 \ 许昌市博物馆藏

灰陶耳杯

汉代 \ 长11.8厘米、宽9.7厘米、高3.5厘米 \ 许昌市博物馆藏

灰陶耳杯

汉代 \ 长13厘米、宽9厘米、高3.9厘米 \ 许昌市博物馆藏

椭圆形，敞口，长边口沿两侧有对称的半月形双耳，平底。

彩绘陶杯

汉代 \ 口径10.6底径5.7高10.2 \ 许昌市博物馆藏

侈口，深腹下收，平底。通体着彩，腹部绘红色弦纹和菱形纹，中间一组菱形纹内点白色乳丁纹。

彩绘陶杯

汉代 \ 口径9.1厘米、底径4.9厘米、高9.9厘米 \ 许昌市博物馆藏

彩绘陶杯

汉代 \ 口径8.9厘米、底径4.2厘米、高8.3厘米 \ 许昌市博物馆藏

彩绘陶杯

汉代 \ 口径7.7厘米、底径5.6厘米、高8.1厘米 \ 许昌市博物馆藏

彩绘陶杯

汉代 \ 口径9厘米、底径5.6厘米、高9.2厘米 \ 许昌市博物馆藏

带盖陶灶

汉代 \ 通高12.6厘米、底径13.5厘米 \ 许昌市博物馆藏

陶灶由三部分组成，灶体为圆形，灶前开一拱形不落地灶门，后有一圆孔，象征烟囱。灶体之上置釜，釜上有盖。

马蹄形陶灶

汉代 \ 长21厘米、宽17厘米、高10.2厘米 \ 许昌市博物馆藏

陶灶呈马蹄形，灶体中空，前端有一方形落地灶门，灶檐突出，饰网状纹。灶面一大两小三个灶眼呈"品"字排列，并以阳线模印鱼、刀等图案。

灰陶樽

汉代 \ 高13.7厘米、口径17.3厘米 \ 许昌市博物馆藏

该樽呈圆形，直口，深腹，颈部向下腹部略变大，平底，下承三蹄形足。颈部饰一周弦纹。

灰陶樽

汉代 \ 高26.8厘米、口径29.9厘米 \ 许昌市博物馆藏

该樽圆形，直口，深腹，腹部向下略收，平底，下承三蹄形足。颈部饰凸弦纹一周，腹部有对称的铺首，鼻梁凸起变成双系。

"千秋万岁"瓦当

西汉 \ 高3.2厘米、直径16厘米 \ 呼和浩特博物院藏

瓦当，厚边宽缘，中心圆突，外伸格界将瓦面分割为相等四格，每格一字。阳文篆书"千秋万岁"，围绕中心环形排列。汉代是瓦当工艺发展的鼎盛时期，瓦当本是用以装饰美化和蔽护建筑物檐头的建筑附件，后出现了如吉语瓦当的新品类。

"惟汉三年大并天下"瓦当

汉代 \ 高2.9厘米、直径16.7厘米 \ 呼和浩特博物院藏

瓦当，宽缘厚边，中心圆突，外伸格界，将瓦面均匀分割为八格，每格一字。阳文篆书"惟汉三年大并天下"，沿中线分开，右侧旋读"惟汉三年"，左侧旋读"大并天下"。布局结体依圆就势，"天下"二字起、收笔波挑鲜明。瓦面所载文字既标示了时代又带有纪事意义，是非常重要的史证资料。

人面铺首画像砖

汉代 \ 长48厘米、宽19.9厘米 \ 许昌市博物馆藏

该砖为子母砖，画面为阳线刻。中间台基之上饰厅堂和双阙，厅堂柱头有斗拱，门上饰人面铺首，厅堂两侧为双层阙楼，阙楼上下层均饰网纹。台基两侧各有一株常青树，树上饰瑞鸟。

双阙人物画像砖

西汉 \ 长47.5厘米、宽21厘米 \ 许昌市博物馆藏

该砖为子母砖，画面为阳线刻。中间为双阙，阙门内一人双手扶案站立，阙左右有持镰刀形兵器的护卫，左侧入见者躬腰，双手并拢作呈请状。两侧长常树根系发达，枝叶繁茂。

持盾门吏画像砖

汉代 \ 长48.4厘米、宽18.1厘米、厚8.8厘米 \ 许昌市博物馆藏

该砖为子母砖，画面为阳线刻。中间为双阙，两侧各饰常青树，阙前立有持盾门吏，上部饰瑞鸟，或栖息或飞翔。

轺车出行画像砖

西汉 \ 长46.7厘米、宽19.3厘米 \ 许昌市博物馆藏

该砖为子母砖，画面为浅浮雕兼阳线刻。画面自右向左为阙门、轺车出行，右侧阙门内有一执盾门吏躬身相迎，阙两侧各置一株长常树；左侧轺车内的乘者头巾飘扬，面带微笑，形象高大，以示尊贵，驭者双手紧握缰绳，形象渺小，图像不清，以示卑贱。

长颈双系铜壶

汉代 \ 高28.7厘米、口径10.8厘米、底径9.5厘米 \ 许昌市博物馆藏

侈口，束颈，溜肩扁腹，圈足。颈部饰对称双系，最大腹径处饰一圈凸弦纹。

带盖三足铜鼎

汉代 \ 通高22.5厘米、口径15.5厘米 \ 许昌市博物馆藏

该鼎盖为圆形，隆起的顶部等距离分布三个半环形钮。鼎子母口，方形附耳外撇，球腹，圆底，下承三蹄形足，腹部饰一周凸弦纹。

铜甗

汉代 \ 通高22.7厘米、宽20.8厘米 \ 许昌市博物馆藏

该甗一套三件，上部为甑，甑底有"一"字形箅；甑下为釜，圜底鼓腹，腹部有一周凸棱；底部为圆形底座。

星云纹铜镜

西汉 \ 直径10厘米、厚0.48厘米 \ 汉景帝阳陵博物院藏

星云纹铜镜，其形状似天文星象，故有星云之名。又名百乳镜，镜为圆钮连峰钮座，内区有一周内向十六连弧纹，两圈短斜线纹之间为主纹，主纹以四枚带圈座乳丁纹平分，其间以曲线连接五枚小乳丁构成星云纹，内向十六连弧纹缘。

四乳四螭纹铜镜

西汉 \ 直径9.7厘米 \ 汉景帝阳陵博物院藏

镜背有红绿铜锈。镜为三弦钮，圆钮座，向外一周凸弦带，主区以四个乳丁纹与四组蟠螭纹环绕，将镜面分成四部分，地纹为涡纹。镜体轻薄，地纹的存在保留有战国的特点。

竹节形铜带钩

汉代 \ 长13.1厘米、宽2.2厘米 \ 许昌市博物馆藏
带钩整体呈"S"形，钩为鸟首形，弧形钩体饰
竹节纹，尾端平直。圆脐在钩体中部下方。

棒形铜带钩

汉代 \ 长10.6厘米、宽1.3厘米 \ 许昌市博物馆藏
带钩整体呈"S"形，钩为鸟首形，弧形钩体，
尾端呈圆形。圆脐在钩体近尾端的下方。

鸟首铜带钩

汉代 \ 长3.3厘米、宽0.9厘米 \ 许昌市博物馆藏
钩呈鸟首形，钩体短，圆脐在尾端之下。

铁帐构

西汉 \ 长16.5厘米、宽16.5厘米 \ 许昌市博物馆藏

帐是从属于床（或榻）的，由于床（榻）的平面形状一般是长方形的，用时又多横陈于室中，这就决定了帐的平面一般也是长方形的，帐门开在床前侧横长边方位，可以从中间分挑向两边，然后缚系在两侧的帐柱上。有的床（或榻）平面是方形的，所张的帐自然也是方帐。帐需用帐架支张，通常是用木架，有的在木架交接处加施金属帐钩，帐架主要靠床四角竖起的四根支柱支撑。至于各种帐形制方面的区别，除了规模大小不同外，主要表现在顶部的结构方面，较大的帐多作四阿顶、盝顶或平顶，较小的帐一般是四角损尖顶，也有的是盝顶。

玉蝉

西汉 \ 纵5.25厘米、横2.65厘米 \ 西安博物院藏

通体宽扁，圆雕而成，呈现出静止的姿态。头部和眼部的刻划分明，顶端双目斜凸于两侧，斜钻孔好似象鼻眼。

在古代社会，蝉被赋予纯洁、清高的神圣地位，玉蝉的永恒特性与古人追求永恒的渴望相契合。因此，古代玉蝉作为身份地位的标志，不仅是一种装饰品，还是体现个人修养与社会礼仪的重要物品。作为陪葬品，玉蝉不仅是对逝者生前品德的肯定和赞誉，更寓意着逝者的灵魂能够像蝉一样得到安息和永生。

镂空鸟纹玉觿

汉代 \ 长10.2厘米、宽1.7厘米 \ 1978年西安市北郊红庙坡出土 \ 西安博物院藏

觿为扁体凤鸟形，镂空雕琢。凤鸟尖喙高冠，作回首衔羽状，尖尾作觿头。两面对应以阴刻细线勾勒鸟的嘴、眼、翅、尾、爪等各个部位及羽毛。平面及侧棱抛光极为精细，棱角方硬。玉质纯净，洁白无瑕。

玉猪

西汉 \ 长13.5厘米、高5厘米 \ 西安博物院藏

玉猪，整体采用圆雕工艺，呈现卧伏状姿态，使得猪的身体、尾巴、四肢等部位表现得惟妙惟肖，栩栩如生。其鼻子部分尤为突出，展现出一种夸张的艺术效果。

玉猪在丧葬文化中的象征意义尤为显著。在古代，猪作为重要的家畜，是财富的象征。古人相信玉猪能够在人死后为逝者带来好运，或者象征逝者在世时的富有和地位。汉代盛行"厚葬"之风，秉持着视死如生的信仰。作为葬玉中的一种，玉猪在汉代被用作死者手中的握玉，称为"玉握"或"握玉"，象征着古人对财富的深厚情感与不懈追求，也体现了逝者希望带着财富离去。

汉长安城

　　公元前49年，呼韩邪单于朝汉。史书记载"单于就邸，赐单于，观以珍宝"。建章宫位于汉长安城外西部，置香建章宫，象汉长安城规模宏大、街道井然、布局规整，功能完备。达到了古代城市规划、建设的新高度；其宫室和众多高级宅第，凸显出都城的政治性。未央宫的石渠阁、天禄阁则体现了当时汉长安城是文化创新的中心。

　　汉长安城遗址位于西安市西北方向，北临渭河、西傍泬河。此外，城门、宫殿、武库、凌室以及渭河、沙河古桥等，体现了汉代建筑的丰富类型。铁、铸钱作坊以及武库出土的铜、铁兵器等代表了当时冶金技术的最高水平。

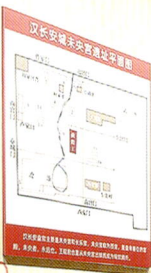

第三单元

安边长策是和亲，白草黄沙满地春：出塞和亲路

长城既立，四夷尽服。

交和结好，昭君是福。

西汉时期，除中原王朝外，还有多个边疆政权并立。匈奴等诸多族群和亲结盟、互市贸易、迁徙交融，继续开拓中华民族生存发展的广阔空间。汉元帝时期，社会经济发展稳定，和北方匈奴关系融洽，北部边疆较为安宁。汉朝通过设属国、置匈奴中郎将、和亲等多种举措治理北部边疆，共同创造了北部边疆的和平与繁荣。在汉代和亲史上，最为著名的当为西汉晚期呼韩邪单于与王昭君的和亲。昭君出塞，为匈奴和汉朝带来了长期的和平与兴旺，将匈奴及西域各国不同程度地纳入大一统王朝的秩序。

多元互融

　　汉朝时期，是中国多民族统一格局基本形成的重要历史时期。"昭君出塞"后，商贸不绝于途，中原农业生产技术、礼仪制度等在匈奴广泛传播，容妆服饰、皮革甲胄、养马技术等由匈奴输入中原。在儒家思想的影响下，匈奴"遣酋豪子弟，请入国学以习诗书"。游牧文化和农耕文化长期交流交融，推动了北部边疆各民族文化的发展，促进了多元一体的中华文化互融，各民族交融汇聚成多元一体中华民族的历史。

和日门塔拉

　　和日门塔拉城址位于蒙古国后杭爱省乌贵诺尔苏木西北约20公里处，地处杭爱山脉东段北麓。据考证，和日门塔拉城址即是《史记·匈奴列传》《后汉书·南匈奴列传》中记载的单于"龙城"遗址。和日门塔拉城址所处的额尔浑河—塔米尔河流域及其小河支流谷地分布着大量匈奴时期的墓葬、城址、祭祀遗址和手工业遗存，表明该地区是匈奴政权的政治中心所在，对匈奴政治地理结构、社会形态及宗教礼仪制度以及汉朝与匈奴关系的研究具有重要的学术意义。

和日门塔拉城址全景航拍图

匈奴墓葬

匈奴人对中原儒家思想有高度的认同，王昭君与匈奴和亲更是促进了民族交融。在今蒙古国发现的匈奴墓葬出土遗物，包括铜三足盘、铜盘口壶、金质日月、银饰、柿蒂纹铜片、陶器(内有黍)、漆器、铁器以及车马饰等，尤其是金日月、玉剑璏、漆器、鎏金银龙、汉式青铜器等多族群文化交融的文物，突出地展示了中原农耕文明和欧洲文明、草原文明汇合的场景，对认识中原与草原的文明交流，甚至是亚洲与欧洲的文明交流具有很重要的意义。

高勒毛都2号墓位于温都尔乌兰苏木境内哈尼河东12公里处的丘陵上，共分布有400余座墓葬，包括98座大型贵族墓、250座陪葬墓和85座独立的圆圈墓。贵族墓地表建有长方形坟丘，南侧带有长梯形墓道，坟丘和墓道边缘用石板砌筑围墙，规模大小不等。高勒毛都2号墓出土遗物有带饰、服装饰物、箭镞、陶罐和马具，另外发现产自中原地区的青铜盘、铜镜、丝织品和常见于南西伯利亚地区早期遗址的琥珀珠等遗物，佐证了匈奴与周边地区人群的广泛交流。

哈日嘎尼都尔沃勒金城址出土铭文瓦当

匈奴贵族墓地出土马具

诺音乌拉匈奴贵族墓墓室

树木花卉纹半规瓦当

春秋 \ 直径15厘米、缘宽1厘米、高7厘米 \ 呼和浩特博物院藏

半圆形陶瓦。树纹位于当面中央;由一组"V"形线组成扇形树冠;树干上接树冠下连树
根;树根呈卷云纹状。树纹两侧为花卉纹，整个画面布局疏密得当，生动自然。

树木乳钉纹半规瓦当

春秋 \ 直径18厘米、高8.85厘米 \ 呼和浩特博物院藏

半圆形，窄边缘。瓦面纹饰由直线、曲线、乳丁变化组合。采取中轴对称构图形式，以
树木为主纹样，树枝下端略作变形，间饰乳丁、三角、卷云纹样。形象简练，生动。

中国北方系青铜器

　　中国北方系青铜器是指中国北方地区出土的区域特征鲜明而自成一系的古代青铜器，其时代上起商代，下至两汉。按用途大体可分为实用器、装饰品及车马器三大类，与以代表"祀与戎"的礼乐器和兵器为主的中原系青铜器形成鲜明对比，表现出独具特色的文化传统。动物纹是北方草原文化的重要特征之一，常被用于装饰各类金属佩饰，战国至两汉时期，中原地区出现了大量动物纹金属牌饰。

人首纹铜竿头饰

春秋 \ 长10厘米、环直径4.5厘米、管銎口径2.6厘米 \ 昭君博物院藏

圆雕，中空，饰件上端有一圆孔，圆孔下浮雕一人首，粗眉小眼，高颧骨，鼻梁稍长。人首下方为细长圆銎，近銎口处有小钉孔，造型别致，装饰图案充满了神秘色彩。

鹰形青铜饰件

春秋 \ 宽17厘米、高12厘米 \ 昭君博物院藏

鹰呈展翅飞翔状，长喙弯钩，圆眼，侧头注视，张开的翅膀翎羽毕现，尾羽展开，饰有三角形纹，腹部有一孔，应是穿绳挂坠之用途。

卧虎形铜饰牌

春秋 \ 长11厘米、宽6厘米 \ 昭君博物院藏

圆雕，虎作卧姿，粗壮的四肢伏于地，虎尾下垂，尾端上卷，双目炯炯有神目视前方，随时准备一跃而起，虎身饰有线条，体现了强健的肌肉结构。

虎噬羊铜饰牌

春秋战国 \ 长14厘米、宽10厘米、高7厘米 \ 昭君博物院藏

圆雕，虎呈匍卧状，四足紧紧压住刚刚捕获的羊，虎头微抬起，虎眼圆睁，嘴大张，露出锋利的虎齿，羊蜷缩成一团，虎尽显王者风范。虎噬羊是北方青铜器中常见题材，或平面或立体，本件是立体形象。

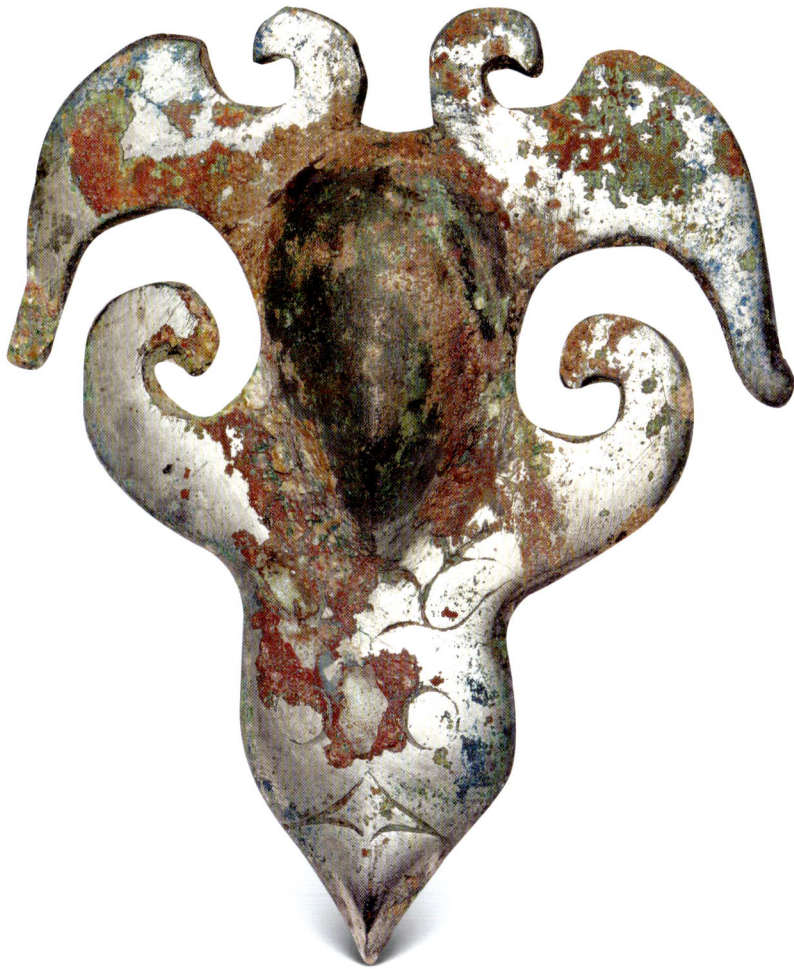

变体鸟形铜饰牌

春秋战国 \ 长10厘米、宽8.2厘米 \ 昭君博物院藏

整体图案为变体鸟造型，采用透雕技法，表面有镀锡工艺，呈亮白色，造型夸张，极富想象力。

虎噬鹿形铜饰牌

春秋 \ 长11.4厘米、宽6.2厘米 \ 昭君博物院藏

透雕，猛虎低头弓背，用粗壮有力的虎爪将鹿按倒在地，鹿身体扭曲，丝毫不得动弹。虎口下的鹿面对虎的噬咬，面露惊恐，整幅画面紧张而激烈，将大自然弱肉强食的生死之态表现得淋漓尽致。

怪兽咬斗纹铜饰牌

战国 \ 长11.5厘米、宽7.5厘米 \ 昭君博物院藏

一套两件，平面似"P"型。采用浮雕与镂雕相结合的表现手法。马形怪兽四足伫立，老虎俯身噬咬怪兽腿根，怪兽以钩形吻抵住猛虎。两兽体形差异较大、缠斗激烈、难解难分，怪兽头顶有连续的鹰形异兽。整体造型奇特，意境生动。

变体鸟形铜饰牌

战国 \ 长6厘米、宽4.2厘米 \ 昭君博物院藏

上下两蛇围绕两鸟，中间由乳丁纹分隔。鸟占据画面中心位置，鸟喙尖锐、目光犀利，鸟腿粗壮有力、鸟爪巨大，紧钳蛇身，蛇身扭曲却不得挣脱。蛇头呈三角形、圆眼，蛇身饰鳞羽纹，蛇嘴衔咬鸟羽。图案布局精巧，展现了鸟蛇激烈搏斗的场景。

蟠螭纹鎏金铜带钩

战国 \ 长17.64厘米、宽3.8厘米 \ 乌海市博物馆藏

这件带钩为异形带钩，钩首为蛇头，钩身采用浮雕工艺装饰着数只小螭，圆形小钮位于中间靠尾处，表面鎏金，纹饰繁复华丽。

螭纹是中国古代传统流行纹饰，最早见于商周青铜器上。《说文》载："螭，若龙而黄，北方谓之地蝼。从虫、离声，或云无角曰螭。"一般认为无角之龙即是螭，其形盘曲而伏者，称蟠螭。

鹿形铜饰

战国 \ 高15厘米、宽3.3厘米 \ 昭君博物院藏

圆雕。竿头为伫立的鹿形，鹿首与躯体可分开。鹿四足站立于方形銎上，身躯中空，圆眼，双耳竖立，齐吻，昂首前视。饰件造型优美，完美呈现出鹿的温顺与静谧。

鸟形铜饰件

战国 \ 高4厘米、长3厘米、宽1.5厘米 \ 昭君博物院藏

圆雕鸟形，圆眼外突，鸟喙较长，翅膀向后伸
展与尾部相连，身上羽毛写实，栩栩如生。鸟
身下部为四方銎，近銎口处有小钉孔。

双鹿纹铜饰牌

战国 \ 长3.8厘米、宽2.2厘米 \ 昭君博物院藏

透雕，长方形，方框内铸有上下叠压的双鹿图案，双鹿头方向相反，鹿首上扬，鹿角硕大，整体形态自然，气氛静谧。

卧马形铜饰件

战国 \ 长8.1厘米、高3.1厘米 \ 昭君博物院藏

马呈半卧姿，腿弯曲向前，圆眼，低首，圆尖耳竖立，头上有一较大鼓凸，背鬃整齐，马身饰回纹，马尾下垂打结。

枝叶纹铜饰牌

战国 \ 高6厘米、长12厘米 \ 昭君博物院藏

两件饰牌图案相同，成对使用。饰牌上下边框分别饰一棵树，以滴水纹表示繁密的树叶。左右两侧纹饰为站立的鹿形象，有小圆孔，应是穿绳挂坠之用。

错金银铜带钩

战国 \ 长15.3厘米、宽1.7厘米 \ 昭君博物院藏

此带钩整体似琵琶形，中间较粗，向上拱起，至两端渐细，下为圆形钩纽。龙形钩头，钩身表面错金银，饰出纤如毫发的螺旋纹、卷云纹、几何纹，制作精致华美。制作错金银，需先在青铜器外表铸出或錾刻出图案、铭文所需凹槽，后嵌入金或银丝片，锤打结实，再用蜡石将其打磨润滑，利用金属间不同的性质，使二者牢固结合，凸显器物上预先设置好的图案。

错金镶松石铜带钩

战国 \ 长25厘米、宽3.5厘米 \ 昭君博物院藏

带钩由"钩首""钩体""钩钮"三部分组成。此青铜带钩，器形呈琵琶状。龙头钩首；钩身通体施错金工艺，嵌绿松石装饰；钩钮在下；在绿松石和黄金的映衬下，整体器物更显奢华、高贵。

牛首形铜带扣

汉代 \ 高5.4厘米、宽3.6厘米 \ 昭君博物院藏

一套两件，透雕，整体近似椭方，正面作写实的牛头图案，双角上弯，立耳，三角眼，鼻孔外张，牛头上方有带穿和短带钮。

人形铜带钩

战国 \ 钩全长4.9厘米、人形长3.2厘米 \ 呼和浩特博物院藏

钩首为马首，双目圆睁、马口微张。钩颈短而直。钩尾为坐姿人形，粗眉小眼，高颧骨，宽盘脸，鼻梁稍长，双腿盘坐，一手抬起放至耳旁作倾听态，一手自然置于膝上，腹部凸起。

镶松石铜剑

春秋 \ 长26.5厘米、宽3厘米 \ 昭君博物院藏

剑身中部起脊直达剑锋，剑刃至剑身约三分之一处内收，前聚成锋。剑茎纹饰增加摩擦，便于持拿，剑格及剑首表面镶嵌绿松石。

青铜短剑

春秋 \ 长37厘米、宽4厘米 \ 昭君博物院藏

剑由身、格、茎组成。剑首饰蟠螭纹。剑茎扁平，剑格饰兽面纹。剑身直刃、中有脊，自剑格处向锋部渐收，前锋长而尖锐。

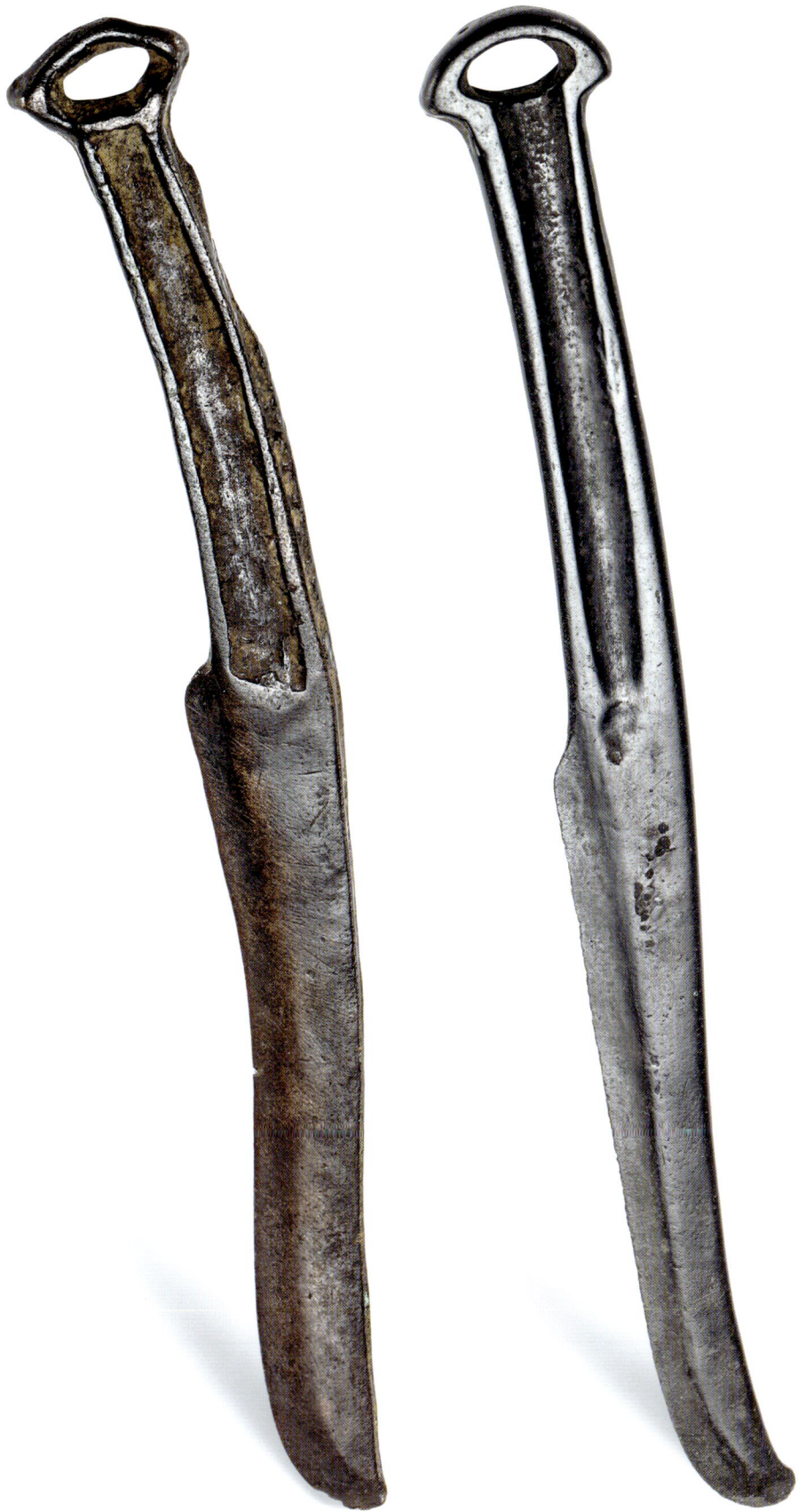

铜刀

战国 \ 长20.5厘米、宽1.8厘米、厚0.19厘米 \ 大保当镇纳林高兔村出土 \ 神木市博物馆藏

削呈柳叶形，略向内弯，刀尖上翘，削身厚背，薄刃，背中起脊，柄部两面内凹，扁环首。

铜刀

战国 \ 长20.5厘米、宽1.8厘米、厚0.19厘米 \ 大保当镇纳林高兔村出土 \ 神木市博物馆藏

体呈柳叶形，长柄中呈凹槽形，半首环。削柄刃较锋利，圆锋上翘。

铜刀

战国 \ 长16.1厘米、宽1.5厘米 \ 大保当镇纳林高兔村出土 \ 神木市博物馆藏

呈柳叶形，略向内弯，刀尖上翘，削身厚背，薄刃，背中起脊，柄部两面内凹，扁环首。

兽首铜刀

战国 \ 长7.2厘米、宽1.3厘米 \ 昭君博物院藏

刀柄连为一体，直背，斜刃，宽柄，柄首作为兽首形，长嘴，凸眼，双耳微弯曲。

错金银铜剑柄

战国 \ 长14厘米、宽6.3厘米、高2.8厘米 \ 大保当镇纳林高兔村出土 \ 神木市博物馆藏

该剑柄在出土时已弯曲，扁平茎，剑格为二举头联结，举长眼，撑鼻，联耳呈椭圆形装饰，举头颈部皱褶和联结错金，茎饰十一道凸棱，亦错金，环昔饰一周对虫纹,两两相对连结，其圆头原来似有镶嵌，嵌物脱失，后成浅圆槽，铁制剑身已锈蚀不存，由格孔残断可以看出剑身较厚，中间起脊，断面呈菱形，剑茎包纳的铁柄亦锈蚀。致茎心中空，铁屑残留在空心两侧的茎柱凹槽内。

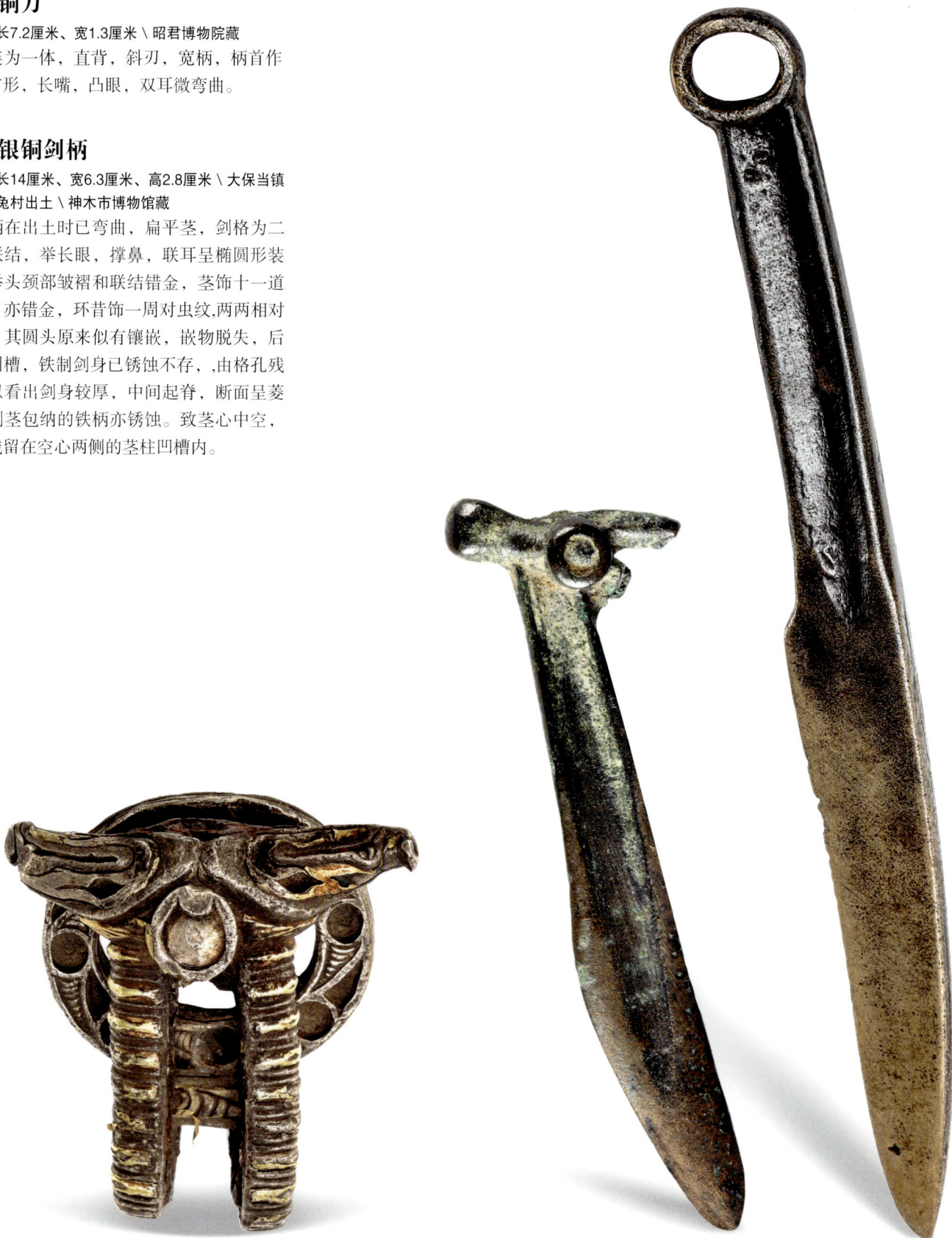

青铜銮铃

战国 \ 长18.1厘米、宽9.45厘米 \ 乌海市博物馆藏

銮铃为车马饰件，是插在车衡上和马轭上的部件，车行则铃响。《韩诗内传》云："銮在衡，升车则马动，马动则銮鸣"。銮铃出现在西周早期，一直流行在战国时期。《说文解字》讲："铃像鸾鸟之声，声和则敬也。"车马系上銮铃，跑将起来叮当作响，和音悦耳，马蹄銮声，节奏十足。还能解人困，去马乏，提醒路人注意。

该器为上器铃下銎。铃为扁圆球形外壳，正背两个球面正中各有一圆孔，以圆孔为中心，周边对称匀饰八个三角形辐射状镂孔、内含球形石丸，摇动时依然可以发出响声。铃的边缘较宽，有对称的六个大小不同的镂孔。下部为方形銎座，以便和衡轭安接。器各面中部起脊棱，銎座近底部左右两侧有对穿孔。

兹氏尖足布

战国 \ 高5.5厘米、足宽2.9厘米 \ 阳高县长城公社天桥村出土 \ 大同市博物馆藏

皮氏方足布

战国 \ 高4.6厘米、足宽2.6厘米 \ 阳高县长城公社天桥村出土 \ 大同市博物馆藏

同是方足布

战国 \ 高4.5厘米、足宽3厘米 \ 阳高县长城公社天桥村出土 \ 大同市博物馆藏

蔺方足布

战国 \ 长4.8厘米、足宽2.5厘米 \ 阳高县长城公社天桥村出土 \ 大同市博物馆藏

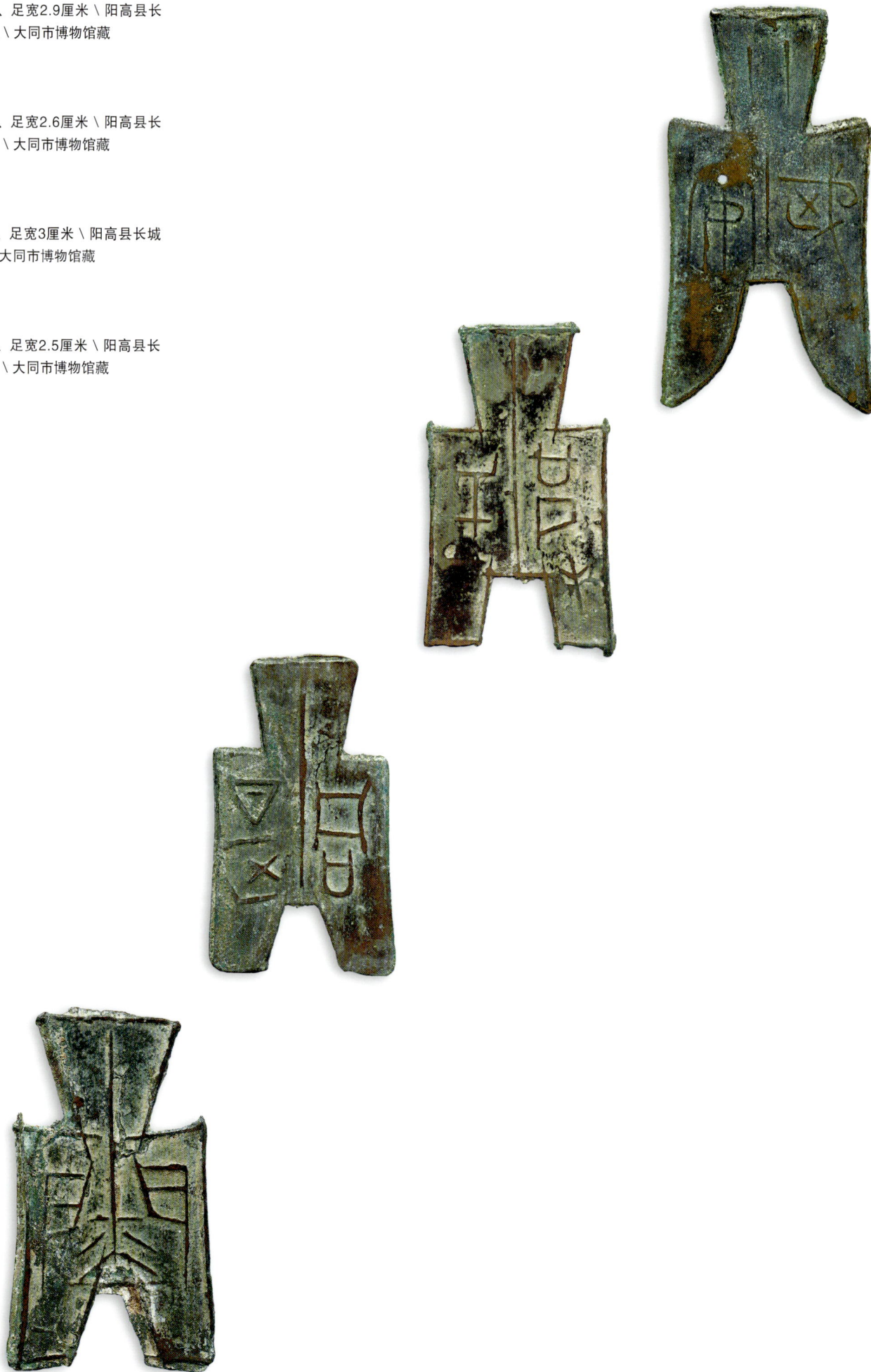

龙首玉环

战国 \ 内径2.2厘米、外径4厘米 \ 洛阳唐宫路小学C1M5560 \ 洛阳博物馆藏

玉环通体呈鸡骨白色，外缘及内缘凸起。两面均减地满饰卷云纹。玉环外对称凸出两条龙，龙仅雕出龙首及尾，好似双龙穿璧，展示了战国玉工高超的匠意。两龙造型一致，怒目圆睁，长吻上卷，颌下有卷曲的鬃毛。

涡纹玉龙

战国 \ 长14.2厘米、宽7厘米 \ 洛阳中州大渠M45:11 \ 洛阳博物馆藏

青玉质，通体鸡骨白沁，双面均饰谷纹。龙蜷曲呈几字形，龙角弯曲，长吻上卷，眼呈枣核形。腹部中间有一穿孔用于穿系。应是组玉佩的一部分。

和亲始约

　　和亲是将皇族女性嫁给对方，以改善双方关系的一种政治结盟方式。两汉时期，汉朝与匈奴、乌孙等都有和亲通婚，嫁细君、解忧两位公主至乌孙。汉朝与匈奴和亲最多，最初多是在军事压力下的和亲，后多是匈奴主动求娶。其中最为著名的和亲是被誉为佳话的"昭君出塞"。昭君出塞是标志着汉朝与匈奴之间友好关系的恢复，而王昭君在友好关系的恢复中起了巨大的作用，为加强汉朝和匈奴交流交往交融及形成多元一体的中华文明作出了重要贡献。

解忧公主

　　解忧公主(?—公元前49年)，楚王刘戊之孙。太初四年(前101年)解忧公主出嫁岑陬军须靡，为右夫人。解忧公主在乌孙生活期间为加强巩固汉室与乌孙的关系作出了贡献。

　　年逾七十之时，上书皇帝陈述思乡之苦，请求将自己的遗骨埋葬在故国。甘露三年(公元前51年)，解忧公主回京，天子赐以公主"田宅奴婢，奉养甚厚，朝见仪比公主"。黄龙元年(公元前49年)，解忧公主去世。

汉代和亲表一览

和亲时间	和亲事件
高祖七年（前 200 年）	以宗女和亲冒顿单于
惠帝三年（前 192 年）	以宗女和亲冒顿单于
文帝四年（前 176 年）	以宗女和亲冒顿单于
文帝六年（前 174 年）	以宗女和亲匈奴老上单于
文帝后元二年（前 162 年）	以宗女和亲匈奴老上单于
文帝后元四年（前 160 年）	以宗女和亲匈奴军臣单于
景帝前元元年（前 156 年）	以宗女和亲匈奴军臣单于
景帝前元五年（前 152 年）	以宗女和亲匈奴军臣单于
武帝建元元年（前 140 年）	以宗女嫁匈奴军臣单于
武帝元封三年（前 108 年）	以宗女细君公主和亲乌孙昆弥
武帝太初二年（前 103 年）	以宗女解忧公主和亲乌孙军须靡
宣帝地节四年（前 66 年）	以宫女和亲鄯善国
宣帝神爵二年（前 60 年）	以宫女和亲匈奴日逐王
汉元帝竟宁元年（前 33 年）	以宫女王昭君赐匈奴呼韩邪单于

昭君出塞

　　昭君出塞路线史无明载，通过考古发现和历史文献记载，呼韩邪单于第一次入汉朝拜往来都走的是秦直道，"呼韩邪单于款五原塞""朝天子于甘泉宫，汉宠以殊礼"。诸多迹象表明，呼韩邪单于当时是循"直道"南下。

　　司马迁也曾走过秦直道，并留下了"自直道归"明确记述，可见秦直道在汉代仍然在使用。直道通行的便利使其成为昭君出塞的首选线路，昭君沿秦直道北上过光禄塞至单于龙城(今蒙古国和日门塔拉遗址)，汉朝为了纪念此次和亲还制作了"单于和亲"瓦当。王昭君北上经行"直道"之说，得到许多学者的支持。

秦直道遗址

　　秦直道起始于陕西淳化县北的云阳(秦林光官，汉甘泉官)，直达今内蒙古包头市西的九原(秦九原郡，汉五原郡)，它纵贯鄂尔多斯南北，是当时联通中原和北方的一条主要交通干线，是世界历史上的"第一条高速公路"。

　　秦直道是秦汉时期由关中通往漠北的交通要道，也是昭君出塞路线中的重要干线。在内蒙古鄂尔多斯市伊金霍洛旗、东胜区、达拉特旗都保存有"秦直道"的遗迹。

互市贸易

　　汉朝与匈奴之间的经济与文化交流大体沿长城一线展开，并进而向更广阔的地域推进。汉时中原与边疆贸易主要通过官府管理下的边关互市展开，民间"私市"也十分繁荣。农牧经济的互补性使得汉匈双方都有通关市的需求。匈奴考古发掘发现，西汉中期漠北伊沃尔加城址中出土的铁质农具与中原同类器物形制相似。昭君出塞后，关市成为常态，至此长城不再是汉朝与匈奴碰撞的前线，而逐渐成为经济交流与民族融合的纽带。

油画《边塞贸易》

称臣入朝事汉——呼韩邪单于

呼韩邪单于公元前58~前31年在位，名稽侯珊，虚闾权渠单于之子。汉宣帝神爵四年(公元前58年)，呼韩邪单于被乌禅幕及左地贵人等拥立为单于；五凤元年(公元前57年)，匈奴五单于争立，最后剩下呼韩邪、郅支二单于；甘露元年(公元前53年)，匈奴单于呼韩邪听取左伊秩訾王"称臣入朝事汉"的建议，遣子入侍汉朝，归附汉朝；甘露三年(公元前51年)，呼韩邪单于第一次朝汉；竟宁元年(公元前33年)，呼韩邪单于第三次入朝，"自言愿婿汉氏以自亲"。呼韩邪单于是历史上第一位朝汉的匈奴单于。

半圆形陶器

秦代 \ 残长33.3厘米、残宽13.5厘米、厚2.7厘米 \ 1998年伊克昭盟（今鄂尔多斯市）城梁古城 \ 内蒙古自治区文物考古研究院藏

卷云纹瓦当

秦代 \ 直径18.5厘米、长9.3厘米 \ 1998年伊克昭盟城梁古城 \ 内蒙古自治区文物考古研究院藏

卷云纹瓦当

秦代 \ 直径18厘米、高9.6厘米、长12厘米 \ 1998年伊克昭盟城梁古城 \ 内蒙古自治区文物考古研究院藏

筒瓦
秦代 \ 残长19.5厘米、残宽18厘米、高8.5厘米 \ 1998年伊克昭盟城梁古城 \ 内蒙古自治区文物考古研究院藏

筒瓦
秦代 \ 残长33.5厘米、残宽17厘米、高6.5厘米 \ 1998年伊克昭盟城梁古城 \ 内蒙古自治区文物考古研究院藏

回纹砖
秦代 \ 残长19.5厘米、残宽7厘米 \ 1998年伊克昭盟城梁古城 \ 内蒙古自治区文物考古研究院藏

兽形铜牌饰

汉代 \ 汉代长8.1厘米、宽4.7厘米 \ 大同市博物馆藏

器物由一只虎和三只羊头组成，虎似作俯卧状，整体呈镂空状，虎与羊
用羊角、虎尾相连，构思巧妙，具有北方游牧民族特色。

鸟形铜牌饰

汉代 \ 长8.1厘米、宽3.1厘米 \ 神木市博物馆藏

整体呈长方形，两端各饰4条弦纹，中间刻划有一鸟呈低头翘尾状，突
出刻画有五官及爪子，背后有两拱形钮，一钮残。

双驼纹铜饰牌

汉代 \ 长10.09厘米、宽6.05厘米 \ 乌海市博物馆藏

双驼纹铜饰牌，表面鎏金，框内雕刻着双驼骆
驼，驼背微弓，四蹄粗壮矫健垂。首曲颈向
下，双耳及头部向上弯曲相视，用来固定在带
具等物品上起装饰作用。

错金勾云纹铜带钩

汉代 \ 长25.5厘米、宽2.5厘米 \ 昭
君博物院藏

此带钩为琵琶形兽头带钩，通
体饰错金银兽面纹及勾云纹，
风格独特、装饰华丽，有很强
的立体感。

牛纹鎏金铜饰牌

汉代 \ 长6.17厘米、宽4.27厘米 \ 乌海市博物馆藏

这对长方形铜饰牌，表面鎏金，边框装饰有麦穗纹，框内站着一头壮硕的牛，牛背微弓，四蹄粗壮矫健，牛尾贴臀自然下垂。牛首曲颈向下，双耳竖立，双角向上弯曲，怒眼圆睁，嘴里撕咬着一条蛇，蛇身回转在框外呈一椭圆形环孔，蛇尾在两后蹄之间露出。牌饰背面都有2个拱形穿钮，用来固定在服饰、带具等物品上起装饰作用。

西汉 "平城" 瓦当

汉代 \ 直径15.5厘米 \ 2007年山西省大同市
操场城北魏二号遗址出土 \ 大同市博物馆藏

瓦当边轮窄而凸起，当面低凹，中央
浮雕"平城"二字，外饰一周凸弦纹
和四组云头纹，瓦当图案简洁，设计
独特，是珍贵的汉平城建筑遗构。

"千秋万岁" 瓦当

汉代 \ 直径17.5厘米、厚2.5厘米 \ 内蒙古自
治区包头市九原区召湾汉墓出土 \ 包头博物
馆藏

瓦当中心有一圆芯，四方用云头纹将
当面四等分，每格填有一字，为自右
向左竖读书写。边际饰一圈弦文，瓦
当边沿平整宽厚。整体风格自然、安
详、质朴。召湾墓群位于包头市南
郊，墓群分布在包头市九原区麻池镇
召湾村与召湾后村之间的一道土梁
上，绵延约2.5公里，分布着上百座
汉代墓葬，自20世纪50年代以来，考
古人员陆续清理墓葬97座。墓葬形制
有木椁墓、砖室墓、土洞墓三类。其
中以木椁墓和砖室墓最多，土洞墓最
少。墓葬以仰身直肢葬为主，多为夫
妻合葬，有数代人葬于一墓的现象。
死者多有口含钱和手握钱。

召湾汉墓群清理出土的遗物多为陶
器，其次是铜器，少量是玉石、铁器
及货币。陶器有盆、杯、匙、豆、
尊、甗及鼎;铜器有钫、杯、熏炉、博
山炉、日光镜、昭明镜及家常富贵镜;
玉器有眼盖、鼻塞;铁器有铁刀;货币
为五铢钱。此外。尤为有价值的出土
物是从木椁墓的填塞陶片、碎瓦片及
填土中发现的"单于和亲""单于天
降""四夷尽服""千秋万岁""长
乐未央"等文字瓦当。这些瓦当均属
汉瓦的稀见物，是研究西汉与匈奴关
系的珍贵实物资料。

"单于和亲"瓦当

汉代 \ 直径15厘米 \ 内蒙古自治区包头市九原区召湾汉墓出土 \ 包头博物馆藏

"单于和亲"瓦当，瓦当面为中心"十"字的四分式，"十"字单线，无边栏，无瓦心，边轮较宽，从瓦当的书体及同墓出土铜镜铭文判断，瓦当填塞于木椁墓木椁外侧碎陶片中。召湾是昭君出塞必经之地，和亲瓦当也仅在此一地发现，在召湾一带秦直道附近，"单于和亲"瓦当应是在召湾附近为纪念昭君出塞而修建的纪念建筑遗物。

"富乐未央子孙益昌"方砖

汉代 \ 边长30厘米 \ 麻池古城出土 \ 包头博物馆藏

方砖呈方形，在砖的正面印有"富乐未央，子孙益昌"二行八字，砖文系阳文，字体为隶书，在文字的两侧用菱形回纹作装饰。

釉陶博山炉

汉代 \ 口径10.7厘米、底径11厘米、盖子高8厘米、口径10 厘米 \ 内蒙古河套文化博物院藏

小口鸮形灰陶壶

汉代 \ 巴彦淖尔市磴口县纳林套海汉代墓葬出土 \ 内蒙古河套文化博物院藏

器形整体为一只卧姿鸮（猫头鹰）造型，小口带盖，口以下为鸮的头部，有对称的两个小圆眼睛，中间是长长的鼻子，粗短颈；壶的腹部为鸮的卧着的身子部分，包括腹部和两个翅膀；器底由鸮卧姿两足构成，呈三角形。

彩绘车马龙纹骨尺

汉代 \ 巴彦淖尔市磴口县沙金套海汉墓出土 \ 内蒙古河套文化博物院藏

骨尺选用动物肢骨磨制而成，长方形，一端有圆形系孔，做工精湛。呈乳白色，正面、背面和两侧均用细墨线标出十等分即每一寸的刻度，并用红彩上下对错描绘刻度间空白。另在尺的侧面标出分的刻度；在尺中央用"米"字形符号标出半尺等分线。正面和背面用双线绘以边框，框内同样用墨线作画。正面中央图案为独角飞龙图。飞龙长鼻阔口，卷曲翻腾。其前后绘以云气带和祥云、水波图案，末首两端在小方框内绘菱形方格纹。背面中央图案为生动写实的车马出行图。马呈奔驰状，车作大圆轮、隆顶大伞盖。车前一御者作持缰催马状。末首两端图案与正面相同。正面和背面整体图案间多用红彩加以点缀。

龙首铜灶

汉代 \ 甀口径15.3厘米、高8.5厘米、底径8厘米，釜口径7.5厘米、高8厘米，灶长24厘米、宽17.5厘米、高21.1厘米，\ 内蒙古河套文化博物院藏

陶耳杯

汉代 \ 口径11厘米、底径9.7厘米、高3.7厘米 \ 包头市
九原区召湾汉墓出土 \ 包头博物馆藏

耳杯，古人称其为"羽觞"，是三国两晋南北朝
最常见的酒具，一般为漆器、青瓷器，长圆形，
两侧有把，即"耳"。陶制的耳杯为随葬用品。

黄釉陶尊

汉代 \ 高12厘米 \ 包头市九原区召湾汉墓出土 \ 包头博
物馆藏

此尊为平盖，盖顶中间有一环钮。器身如圆筒
形，直壁，腹中部有两系。平底，下承三足。

陶博山炉

汉代 \ 口径16厘米、高22.5厘米 \ 包头市九原区召湾汉墓出土 \ 包头博物馆藏

博山炉通体呈黑灰色，由盖、炉、盘三部分组成。炉盖为镂空的山峦形，其上有图案化的流云纹。炉身豆形，腹中部饰三道弦纹，做工精细，形制规整。

黄釉三足陶鼎

汉代 \ 高11.5厘米 \ 包头市九原区召湾汉墓出土 \ 包头博物馆藏

鼎隆盖、敛口、圆底、三足，口沿处附双耳。鼎盖处塑有三个鳍形装饰，釉层基本脱落。

麻池古城

  麻池古城，位于包头市九原区麻池镇镇政府西300米处，地处阴山山脉大青山段和乌拉山段交界处的昆都仑沟南口至东流黄河间的平川之上。古城始建于秦，汉、北朝扩建沿用，是中国北方地区重要的军事城邑，是内蒙古地区历史时期修建年代最早的古城遗址之一。

  麻池古城由斜对角相衔接的南、北两座城构成，周长4800余米。城墙均为夯筑土墙，保存较好的墙体段现存高度仍有7—8米，现于北城北墙中部和南城南墙、东墙中部各存一门。北城南部中间位置发现"品"字形分布的三个夯土台基，约呈覆斗状。从实际考古调查看，北城遗物以秦代和汉代为主，南城遗物以汉代和北朝时期为主，两座城的时代北城早于南城。学界较公认的观点是古城北城为秦九原郡九原县，汉代沿用，并建南城，为五原郡九原县，郡县共治于一城，汉之后到北朝有沿用。

  麻池古城作为秦直道北端点，起初是为扼守阴山南北通道昆都仑沟而建的边防重镇。《史记·秦始皇本纪》记载："道九原抵云阳，堑山堙谷，直通之"。至西汉晚期，包括五原郡在内的阴山一带形成经济文化繁荣的局面，呈现出《汉书·匈奴传》所载的"北边自宣帝以来，数世不见烟火之警，人民炽盛，牛马布野"盛景，北部边疆呈现出六十余年的和平安宁环境，这与昭君出塞息息相关。

麻池古城南城南墙夯土层

鼓腹弦纹黄釉陶壶

汉代 \ 长14.7厘米、高17厘米 \ 包头市九原区召湾汉墓出土 \ 内蒙古河套文化博物院藏

黄釉绿彩带盖陶樽

汉代 \ 口径19厘米、底径18厘米、高20厘米 \ 神木市博物馆藏

直口，直筒腹，底有三兽足，带一盖，盖为弧形，盖上饰有几何纹饰及乳丁纹，通体饰黄釉，盖及腹部剔刻出几何纹及波浪纹饰。

陶仓

汉代 \ 通高19厘米 \ 内蒙古河套文化博物院藏

直口，直筒腹，底有三兽足，带一盖，盖为弧形，盖上饰有几何纹饰及乳丁纹，通体饰黄釉，盖及腹部剔刻出几何纹及波浪纹饰。

绿釉带盖陶仓

汉代 \ 口径6厘米、底径15厘米、通高33厘米 \ 神木市博物馆藏

通体施绿釉，仓檐伸出，檐中心有一圆孔，腹身上下饰阴弦纹三组，每组三周，上部做成圆形房屋顶，伞形仓盖顶部刻有一周凸线，突出钮状，仓盖周围有脊和瓦垄，敛口，筒形腹，平底，熊形三足，熊的形象逼真，憨态可掬。《史记·管晏列传》记载："仓廪实而知礼节，衣食足而知荣辱。"这里的"仓廪"指的就是储备粮食的仓房。古人随葬的粮仓作为明器，常见的为陶制，汉代墓葬中出土的陶仓大体可分为两类，一类为圆筒形，一类为方形。

"本始元年十月甲子造"五铢钱范

汉代 \ 长19厘米、宽17厘米 \ 呼和浩特博物院藏

夹砂灰陶，陶质坚硬，五铢钱铸造模具残块，呈梯形。范首中央开设两个半圆形浇口，制有五铢钱背面的阴文钱型。范面分列两行阳纹钱模，主浇道凸起，左侧有铭文"本始元年十月甲子造"。"本始"为西汉宣帝刘询年号，本始元年为公元前73年，题纪范母是研究西汉"五铢钱"断代分期的重要实物资料。

汉武帝三铢铜钱

汉代 \ 直径2.3厘米 \ 呼和浩特博物院藏

汉武帝刘彻时铸圆形方孔铜钱，平背、无文，面窄缘、反郭，篆书阳文"三铢"，直读。"铢"字的金字旁，上为三角形，下为"王"字，且中竖上至三角形下缘，下至"王"字最下一横，是三铢最大的特征。铢"是代重量单位，币重如其文。自汉武帝建元元年铸行，建元五年行止，是中国古代铸行时间最短的钱币，因此存世量小。"三铢"是古代货币史上第一枚以"铢"命名的方孔圆钱，结束了半两钱的历史，下启沿用700多年的五铢钱，具有承上启下的重要意义。

"朔力农丞"官印

汉代 \ 长3厘米、宽1.6厘米、高1.7厘米 \ 呼和浩特博物院藏

铜质，长方形官印，桥钮，钮下穿孔，可系带。印面阴刻篆书"朔力农丞"四字。白文，右上起顺读，字体规整，排列均匀。农丞是汉代官职，在中央派驻地方与郡同级的官署农监中，为负责管理所在郡国公田的副职官员。"朔力农丞"见于《秦汉南北朝官印征存》收录的前汉官印中。该枚官印对于研究汉代官制、机构官员职能具有重要意义。

鎏金铜案足饰件

汉代 \ 高12.5厘米、厚度1.6厘米、上宽6.2厘米、下宽8.8厘米 \ 1987年照什八庄村出土 \ 朔州市博物馆藏

朔城区汉墓群分布于朔城区周围20公里范围内，包括照什八庄、司马泊、南邢家河、仓房坪等墓群在内。经过1982年以来的考古调查，现有完整的大型封土堆150处，呈圆锥体和覆斗形两种。

1983–1993年，配合平朔露天煤矿生活区的建设，在朔城区东北5公里处发掘汉墓1200余座。出土文物20000余件，大部分为陶器，有壶、罐、灶、鼎、盒等。铜器有礼器、食器、酒器、兵器、印章、铜镜等，其中雁鱼灯为珍品。在这批汉墓中，还发现有匈奴等我国古代北方游牧族群文化特色的文物近百件。

铜匜

汉代 \ 高10.8厘米、口径17厘米 \ 浑源县荆庄公社李峪
大队出土 \ 大同市博物馆藏

铜鬲

汉代 \ 高18.7厘米、口径12.4厘米 \ 浑源县荆庄公社李
峪大队出土 \ 大同市博物馆藏

黄釉陶尊

汉代 \ 口径19.5厘米、高25厘米 \ 昭君博物院藏

陶质，通体施黄釉。圆筒形，子母口，顶盖为变形博山式盖，腹壁近直，平底，三兽足。腹部满饰各种浮雕图案，有故事神话、人物及动物等。整体造型美观，古朴浑厚。纹饰构图严谨，层次分明，具有独特的艺术和装饰风格。

绿釉陶鼎

汉代 \ 宽25厘米、高17.5厘米 \ 昭君博物院藏

陶质，半圆形盖，子母口，深腹，圆底，双立耳，三兽足。顶盖以弦纹为界，分内外两区，外区环饰动物纹饰，首尾相连，造型生动。腹部除装饰一圈凸起弦纹外，光素无纹，兽足矮粗。整体施釉不均匀，自成深浅浓淡变化。

绿釉双鱼纹陶鼎

汉代 \ 高25厘米 \ 昭君博物院藏

陶质，通体施绿釉、圆形，双立耳，三兽足。腹部除装饰一圈凸起弦纹外，光素无纹；盖顶用弦纹为界，分内外两区，内区饰浮雕双鱼图案，双鱼摇头摆尾呈摇曳戏水状，外区环饰卷云纹，表现云雾缭绕效果。

彩绘人物纹陶奁

汉代 \ 口径21.4厘米、高15.1厘米 \ 呼和浩特博物院藏

陶质，圆筒形，奁盖缺失。奁身直口、直壁、平底、底
部三兽足。器身表面使用黑、红、白颜色彩绘人物形
象，人物有坐有立，形象逼真，色彩鲜艳，纹饰流畅，
具有鲜明的时代特色。

"亚"字形陶罐

汉代 \ 高14.5厘米、口径11.5厘米、腹径17.7厘米、底径6厘米 \ 1998年平朔大道出土 \ 朔州市博物馆

泥质灰陶，器形规整，侈口短颈，折肩折腹，整体呈"亚"字形，腹部饰弦纹。

陶罐

汉代 \ 高43.3厘米、口径22.8厘米、腹径45.5厘米、底径21.6厘米 \ 1983年平朔仓库区出土 \ 朔州市博物馆

泥质灰陶，侈口，平沿，短颈，鼓腹，平底，腹附加两周凸棱纹，中部一周水波纹。

绿釉陶灶

汉代 \ 长25.5厘米、宽23.5厘米、高14厘米 \ 昭君博物院藏

泥质红陶，表面施绿釉，体呈马蹄形。灶面中间有一个大灶眼，应用来安置甑、釜类炊具。灶面模印馍、鱼、叉、钩、勺等图案。陶灶为随葬明器，常出土于汉代墓葬中，造型模拟实物。

陶灶

汉代 \ 长20.5厘米、宽19厘米、高9.8厘米 \ 内蒙古河套文化博物院藏

黄釉陶灶

汉代 \ 长23厘米、宽20厘米、高13厘米 \ 包头城梁出土 \ 包头博物馆藏

陶灶，通体施黄釉，似船形，灶上分布有五个火眼，上置炊具。

绿釉陶井

汉代 \ 宽21厘米、底径17厘米、高34.5厘米 \ 昭君博物院藏

通体施绿釉。由井圈和井架组成，井圈外折沿平口。提梁井架，顶部有一井亭，亭内置辘轳。井身下部呈圆筒形，平底。为陪葬用明器。

陶俑

汉代 \ 俑高6.7厘米 \ 内蒙古河套文化博物院藏

绳纹陶水管

汉代 \ 直水管：长59.3厘米、大口径16.8厘米、小口径13厘米、弯头水管：长63、宽25.5、大口径18.8、小口径12.5厘米 \ 乌海市海勃湾区新地古城遗址出土

水管为泥质灰陶，表面装饰粗绳纹。直筒形，一端稍粗，端口微撇，另一端稍细，接口处表面光滑。水管粗端表面都有刻划的符号；另有一件水管带有90°弯头。每节水管应是按着符号由这一节的小口套入另一节大口内，如此节节紧密套扣，便于排水。

从这几件陶水管可以看出，新地古城延续的历史比较长，且有大量人口长期居住，并构建了排水系统等城市卫生设施，在边塞地区也是一座重要的城址。

彩绘陶乐舞俑

汉代 \ 高9.2厘米、高11厘米 \ 神木市博物馆

彩绘陶乐舞俑，一个吹笙童俑，二个下腰俑，二人仰头双手后背甩袖俑组成五人乐舞，通体用黑白红三色彩绘，三件中空，足部微残，彩绘有剥落现象。

彩绘带盖陶钫

汉代 \ 口径12.8厘米、底径12.8厘米、高47厘米 \ 神木市博物馆藏

泥质灰陶。敞口，方唇，口上扣合有盝顶式方形盖，束颈，溜肩，微鼓腹，方形高圈足微外撇。盖面四周为白色条纹带，中间绘出卷云纹。器身布满纹饰，颈部以黑、白、黄三色绘制蕉叶纹，外有白色边线，三角之间填充红色云气纹。腹部贴塑对称的铺首衔环，并以白、黄相间绘出流云纹样，颈肩相交处、腹下部均饰以三周白、红、白条状彩绘，粗细不同。

钫即方形壶，用以盛装酒浆或粮食，盛行于战国末至西汉初。陶钫是仿铜礼器，西汉时期的墓葬中，多和陶鼎、陶敦等器成组出现。

彩绘陶壶

汉代 \ 高28厘米、口径10.5厘米、腹径17.6厘米、底径12.8厘米 \ 1994年南关小康村出土 \ 朔州市博物馆

泥质灰陶，侈口束颈，鼓腹，平底圆盖。外表以灰色打底，上用红、白、黄三色线条勾画出简化云纹，蔓草纹和弦纹等。

博山盖陶樽

汉代 \ 口径19厘米、底径18.8厘米、通高23.5厘米 \ 神木市博物馆藏

直口，直筒腹，腹部对称两铺首衔环，腹部一周浮雕有神兽图案，底有三兽足，盖为博山盖。

小红城墓地

　　小红城墓地位于和林格尔县大红城乡小红城村小红城古城西北约1公里的一处台地上。墓地北距浑河约2.5公里，往西南约2公里为大红城古城，周边多沟壑丘陵。为配合基建工程，2021年6—9月，内蒙古文物考古研究院联合内蒙古师范大学历史文化学院考古文博系、和林格尔县文物保护中心，对小红城墓地进行了抢救性发掘。此次共发掘汉代墓葬31座，出土随葬器物种类丰富。包括陶罐、陶壶、陶井、陶灶、陶鐎盉、陶钵、陶碗、铜镜、铜带钩、铜铃、铜印、铜环、鎏金铜铺首、五铢钱、大泉五十、铜饰珠、弩机构件、铜扣、憙、盖弓帽、铁带钩、铁刀、漆盒、石砚、石研、贝壳、琉璃珠等共350件（套）。出土陶器保存较好，其中以"罐、壶、灶、井"的陶器组合最具特色。

　　小红城汉墓形制多样，包括土坑竖穴墓、土洞墓、砖壁墓、砖室墓四种。其中，以无券顶的砖壁墓为主。砖壁墓在内蒙古其他地区极少发现，初步推断应该为土洞墓向砖室墓的过渡形态，此发现意义重大。

　　据史料记载，汉代定襄郡沿着浑河由西向东设置有桐过、骆、武成三县，西汉时，该三县为定襄郡之南端。小红城汉墓的发掘，补充了内蒙古中南部地区汉墓形制，对了解和认识呼和浩特地区西汉中晚期至东汉初期政治、经济、文化交流以及各民族融合提供了重要的实物资料。

陶灶

汉代＼灶面长20厘米、宽16.8厘米、通高12.8厘米＼2021年小红城遗址出土＼昭君博物院藏

陶壶

汉代 \ 口径11.4厘米、腹部最大径17.6厘米、底径8.6厘米、通高19.3厘米 \ 2021年小红城遗址 \ 昭君博物院藏

陶罐

汉代 \ 口径6厘米、腹部最大径10.4厘米、底径4.6厘米、通高8.4厘米 \ 2021年小红城遗址 \ 昭君博物院藏

陶罐

汉代 \ 口径10.4厘米、腹部最大径24厘米、底径13厘米、通高20.5厘米 \ 2021年小红城遗址 \ 昭君博物院藏

铜豆

汉代 \ 高10.7厘米、口径13厘米 \ 浑源县荆庄公社李峪大
队出土 \ 大同市博物馆藏

铜提梁卣

汉代 \ 腹径12.2厘米、高20.5厘米 \ 1973年山西省浑源县
毕村出土 \ 大同市博物馆藏

山西浑源毕村西汉木椁墓葬所在地为西汉雁门郡崞
县境内。秦汉时期，今雁北地区是西汉雁门郡的大
部和代郡一部分，为我国匈奴与汉族的接壤地区之
一。古代通往塞外的中路经过这里。毕村两墓的发
掘表明，汉代的厚葬风气，在北方驻县官吏中同样
盛行。棺椁方面大体仍维持战国、秦以来的传统，
随葬物主要是日常用品，并出现了精美的明器和工
艺品。

铜灯

汉代 \ 高9厘米 \ 内蒙古河套文化博物院藏

铜博山炉

汉代 \ 底径4.8厘米、口径5.4厘米、高11.2厘米 \ 包头市九原区召湾汉墓出土 \ 包头博物馆藏

该器物由盖，炉两部分组成，炉盖为镂空的山峦形，制作较为粗糙。

铜博山炉

汉代 \ 腹径8厘米、底径10.5厘米、高12.8厘米 \ 1973年山西省浑源县毕村出土 \ 大同市博物馆藏

日光连弧纹铜镜

汉代 \ 直径6.7厘米 \ 内蒙古河套文化博物院藏

昭明铜镜

汉代 \ 直径8.5厘米 \ 内蒙古河套文化博物院藏

胡人俑

汉代 \ 高56.7厘米、宽23.7厘米，高64.7厘米、宽31.6厘米 \ 随州休干所1号砖室墓 \ 随州市博物馆藏

1990年4月，湖北随州市修建老年活动中心，发现汉代古墓葬。出土了大量陶制用具，其中一件"奇怪"的陶俑，竟呈现跪式，头上戴着武士帽，表情严肃，导致八字胡子外翘，双手放在胸前，举着一把小斧子。从陶俑眼睛深凹的整体造型，确定该陶俑是胡人。其背后竟用隶书刻了六个字——"此人皆食大仓"。专家研究六个神秘文字，揭示出跪式陶俑的用途:是守护粮仓的武士。

据资料记载，在汉代王公贵族大量雇用胡人"身强体壮，为人忠厚"所需的工资比较高，而能用胡人看守的粮仓，必定是大粮仓。王公贵族去世后，会在墓内存放粮食，用胡人陶俑守仓，是说明墓内有大粮仓，用以彰显身份与地位。由此可见，胡人陶俑是两汉时期，多民族交往融合的物证，更是"王昭君和亲塞外"，促进人文交流、和平共处的体现。

昭君子侄

呼韩邪单于与王昭君生有一子，名伊屠智牙师，后为右日逐王。建始二年（公元前31年）呼韩邪单于去世，其与大阏氏生的长子雕陶莫皋继位，为复株累若鞮单于。按照匈奴习俗，复株累单于复妻王昭君，生二女，长女为须卜居次云，小女为当于居次。云和须卜当生有二子，长子名奢，后为大且渠，次子失名。当于居次生一子，后被封为醯椟王。王昭君的子女也均忠孝显著。由此，在匈奴单于龙城，以呼韩邪单于和王昭君为核心，以昭君子女、女婿以及亲属为主体，形成了一股强有力的亲汉力量，力主维护匈奴与中原王朝的友好局面。

据《汉书·匈奴传》记载，昭君有两个侄子：一名王歙，原为汉朝长水校尉，王莽新朝时期被封为和亲侯；一名王飒，王歙弟，王莽新朝时期任骑都尉，被封为归德侯。自天凤元年始到建武年间，王歙兄弟二人曾多次担任新朝和东汉王朝的使节，出使匈奴，以修旧约。

呼韩邪王昭君家族世袭表

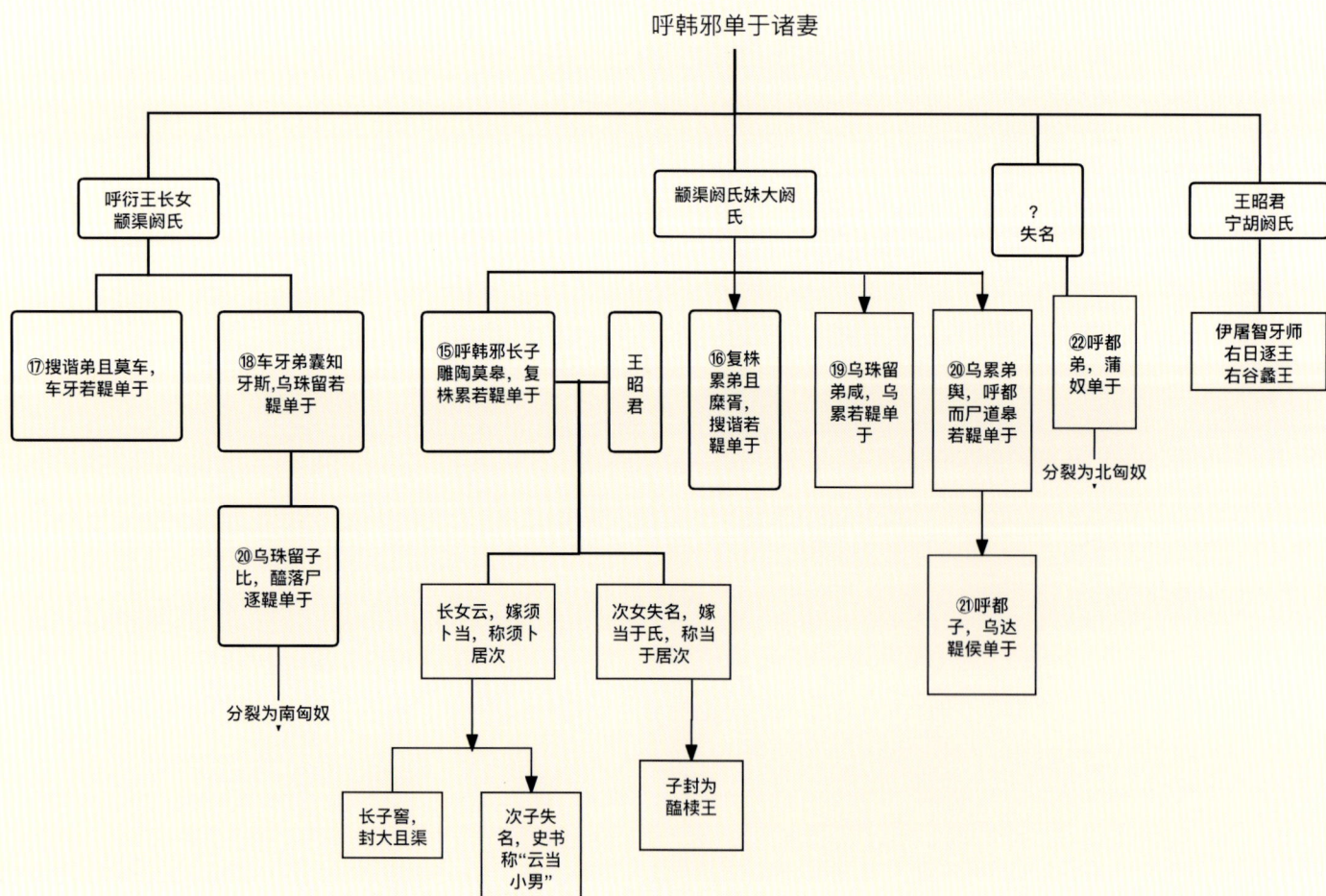

呼韩邪单于诸妻

```
                        呼韩邪单于诸妻
   ┌──────────┬──────────────┬──────────┐
呼衍王长女      颛渠阏氏妹大阏氏        ？         王昭君
颛渠阏氏                          失名        宁胡阏氏
   │              │                │            │
```

| 呼衍王长女 颛渠阏氏 | | 颛渠阏氏妹大阏氏 | | | | | ？ 失名 | 王昭君 宁胡阏氏 |

⑰搜谐弟且莫车，车牙若鞮单于

⑱车牙弟囊知牙斯，乌珠留若鞮单于

⑮呼韩邪长子雕陶莫皋，复株累若鞮单于

王昭君

⑯复株累弟且糜胥，搜谐若鞮单于

⑲乌珠留弟咸，乌累若鞮单于

⑳乌累弟舆，呼都而尸道皋若鞮单于

㉒呼都弟，蒲奴单于

伊屠智牙师 右日逐王 右谷蠡王

⑳乌珠留子比，醢落尸逐鞮单于

长女云，嫁须卜当，称须卜居次

次女失名，嫁当于氏，称当于居次

㉑呼都子，乌达鞮侯单于

分裂为北匈奴

分裂为南匈奴

长子奢，封大且渠

次子失名，史书称"云当小男"

子封为醯椟王

阿巴坎宫殿遗址

　　阿巴坎宫殿遗址，位于今俄罗斯哈卡斯共和国阿巴坎以南8公里。宫殿为四阿式重檐建筑，平面呈长方形，东西长约36米，南北宽约24米。中央有方形大殿，面积244平方米。该遗址出土"天子千秋万岁长乐未央"吉语瓦当、汉式青铜铺首等珍贵文物。有学者认为这座宫殿主人的是昭君的长女须卜居次云，亦称伊墨居次云。

昭君子女及亲属往来汉匈大事年表

12 年	王莽欲将王昭君长女须卜居次云入侍汉太皇太后王氏。
13 年	匈奴右骨都侯须卜当、伊墨居次云劝单于和亲。
14 年	王莽遣王昭君侄子长水校尉、和亲侯王歙，其弟骑都尉、归德侯王飒出使匈奴。
15 年	王莽复遣和亲侯王歙与王咸出使匈奴，单于遣云和当之子大且渠奢至塞迎之。王莽封奢为后安侯。
18 年	匈奴呼都而尸道皋若鞮单于遣大且渠奢和醢椟王，俱奉献至长安，莽遣和亲侯歙与奢俱至塞下，与云、当会，以兵胁迫至长安，莽拜当为须卜单于，以分匈奴之势，云、当小男逃归。
21 年	须卜当死于长安，王莽以庶女陆逮任嫁给后安侯奢。
23 年	绿林军攻入长安，王莽死于渐台。须卜居次云及其子奢亦死。
24 年	更始帝造中郎将归德侯王飒等出使匈奴授单于汉旧制玺绶，并送还死在长安的云、当遗体。
30 年	东汉刘秀帝令归德侯王飒使匈奴修好。匈奴亦遣使奉献。

慝保塞上谷以西至敦煌,传之无穷,

请罢边塞吏卒,以修天子人民。"

鸡鹿塞遗址

鸡鹿塞在今巴彦淖尔市哈隆格乃沟，南沟口属磴口县，北沟口属乌拉特后旗。相传王昭
塞途经鸡鹿塞，并在此地居住了两年之久。在地居住期间，每天早晨都有雄鸡周啼，俨
阵阵鹿鸣，当地人认为这是吉祥的象征，所以取名为"鸡鹿塞"。

"单于和亲"瓦当

"呼韩邪单于款五原塞，
竟朝三年正月"

召湾汉墓群

召湾汉墓群位于内蒙古包头市召湾，出土反映昭君出塞历史的"单于和
亲"瓦当、"四夷尽服"瓦当、"天降单于"瓦当等珍贵文物。这些瓦当曾
用于接待呼韩邪单于和王昭君的得胜建筑之上，西汉晚期所筑多种不同，
驻光禄塞下，汉人与匈奴人交错而居，不同民族之间的交往交融在丧葬
习俗上得到了直观而具体地体现。

陶湾山炉

"富乐未央 子孙益昌"瓦当

麻池古城

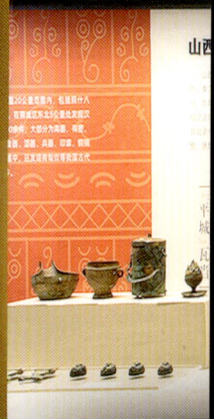

山西

昭君自有千秋在，胡汉和亲识见高：民族大融合

昭君自有千秋在，

胡汉和亲识见高。

词客各摅胸臆懑，

舞文弄墨总徒劳。

　　昭君出塞是中国历史上一次重要的民族交融与文化交流。匈奴与汉朝通过和亲结盟、迁徙杂居、边塞贸易、互派使团等方式相互交流，融合。游牧文化与农耕文化交相辉映，最终汇入于中华文化中，为中华文明的发展注入了新鲜血液，形成汉代多民族国家开放、包容、多元、统一的文化基础。汉代这种处理民族关系的"和亲"模式，为历代多民族大一统王朝处理民族关系提供了借鉴。

千秋佳话

自昭君出塞两千余年来，其生平事迹被一代代传颂，逐渐形成一种独特的文化现象。1980年代以来，内蒙古呼和浩特市和湖北兴山县逐渐开展昭君文化交流活动。2000年之后，呼和浩特市，湖北省宜昌市、兴山县，山西省朔州市、大同市，陕西省榆林市、西安市等相继成立昭君文化研究会，并举办"昭君文化节"等大型文化旅游活动，唱响民族团结的时代赞歌，引起社会各界广泛关注。从2005年开始，呼和浩特市昭君文化节被国内相关机构多次评为中国十大品牌节庆。2009年，第二十一届国际科学与和平周组委会授予中国民族学会昭君文化研究分会"国际科学与和平周特别贡献奖"。以中华优秀传统文化浸润民族团结，昭君文化节已成为新时代铸牢中华民族共同体意识的重要抓手和载体。

昭君文化交流与传播

1999年8月20日，由中共呼和浩特市委、市政府主办的"呼和浩特首届昭君文化节暨第六届昭君庙会"在呼和浩特市昭君墓文物保管所举办。

2000年7月23日，呼和浩特市昭君文化研究会正式成立，第二届昭君文化理论研讨会在呼和浩特市昭君大酒店举行。

2002年7月28日，湖北省兴山县新县城落成，呼和浩特市组成文化代表团前往庆贺。呼和浩特市民族歌舞团编排的大型实景剧《香溪情》在兴山县文化中心剧场演出。

2007年2月1—8日，由呼和浩特市牵头，呼和浩特市民族歌舞团、昭君博物院组成的文化艺术代表团受邀参加新加坡第十四届春城洋溢华夏情"相约草原"新春文艺活动，在维多利亚剧场演出《昭君情缘》大型实景剧。

2008年9月5—8日，中国民族学学会昭君文化研究分会成立大会在呼和浩特市昭君大酒店召开。

2009年10月28日，湖北省兴山县举办"兴山昭君文化节高层论坛"。呼和浩特市民族歌舞团编排的大型实景剧《昭君情缘》在兴山县文化中心演出。

2011年2月19日，台湾省苗栗县昭君文化协会成立。

2013年7月，由中国社会科学院主管，中国民族学学会昭君文化分会主办的《昭君文化》学术期刊创刊。

2023年9月2日，由山西省朔州市朔城区主办的"第一届昭君文化节"在青钟村举行。

2014年2月9—12日，"王昭君和亲路线专家研讨会"在武汉市洪广酒店举行。

2014年—2015年，湖北省兴山县委、县政府连续举办两届昭君文化国际国内论坛。

2016年—2017年，陕西省神木在红碱淖景区连续举办两届昭君文化文旅活动和研讨会。

2017年5月26日，内蒙古昭君文化研究会恢复大会在呼和浩特职业学院召开。

2018年3月23日，湖北省宜昌市文化促进会在宜昌市成立。

2019年9月12日，由湖北、内蒙古、陕西三省文化旅游部门发起的"昭君文化旅游联盟"在兴山县正式成立。

2020年10月9日，昭君文化论坛暨《昭君文库》编纂会在呼和浩特市召开。

2021年5月21—23日，由兰州大学西北少数民族研究中心和烟台大学共同举办的"中国和亲历史与和亲文化"学术讨论会在烟台大学召开。

2021年—2024年，湖北兴山县与台湾苗栗县先后举办四届昭君文化线上线下交流活动。

2023年9月4日，首届"昭君杯"和亲之路沿线5省区城市博物馆景区讲解员大赛在呼和浩特市举行。

2023年10月30日，陕西省西安昭君文旅联盟秦腔《昭君行》暨昭君文化座谈会在西安市召开，陕西节庆文化促进会昭君文化委员会成立。

2024年4月25日，湖北省宜昌市文化促进会第二届会员代表大会召开。

2024年8月22日，交融之美—昭君出塞和亲之路沿线博物馆精品文物展在昭君博物院举办。

2024年9月8—9日，台湾苗栗县昭君文化研究会前来呼和浩特市，参观昭君博物院并进行昭君文化交流活动。

2024年12月15日，山西省大同市昭君文化促进会成立。

谒昭君墓

　　王昭君可能是中国历史上墓葬最多的女性。通过对历代文献和民间传说的梳理，目前能够找到十一座可以确定的昭君墓。这些昭君墓分布在内蒙古、山西、陕西、河北、山东等地。其中，内蒙古呼和浩特市南郊大黑河畔的昭君墓在历史记载中出现最早，代表性最强，关注度最高。

　　"在大青山脚下，只有一个古迹是永远不会废弃的，那就是被称为青冢的昭君墓。因为在内蒙古人民的心中，王昭君已经不是一个人物，而是一个象征，一个民族团结的象征，昭君墓也不是一个坟墓，而是一座民族友好的历史纪念塔。"自唐代以来，被称为"青冢"的王昭君墓包含了丰富的内涵与人文情怀，已成为中华文化符号。

　　1.内蒙古呼和浩特市南郊昭君墓。杜佑在《通典》记载："单于大都护府，战国属赵，秦汉云中郡地也。大唐龙朔三年，置云中都护府，又移瀚海都护府于碛北，二府以碛为界。麟德元年，改云中都护府为单于大都护府，领县一：金河。"在"金河"条下杜佑自注："有长城。有金河，上承紫河及象水。又南流入河。李陵台、王昭君墓。"金河即今呼和浩特市的大黑河，经呼和浩特市南郊昭君墓北侧南流，这是历史文献中最早的见于记载的"王昭君墓"。

内蒙古呼和浩特市南郊昭君墓

2.内蒙古鄂尔多斯市达拉特旗昭君坟。民国修《阳原县志》记载："然昭君在绥之墓有二。除此墓在归绥外，包头尚有其一，俗称衣冠冢，然包头者固非。绥远者亦未必是。余别有考，见拙著方志学。"此昭君坟位于包头市和达拉特旗交界处，因民国时期这里归包头管辖，该昭君坟也被人称为包头昭君坟。

内蒙古鄂尔多斯市达拉特旗昭君坟

3.山西朔州昭君墓。据明万历年间的《马邑县志》记载："青冢，阔四五亩，高丈余，俗传王昭君墓。"民国时期的《马邑县志》也记载："青冢，在县西南三十里，阔四五亩，高三丈余，俗传汉王昭君墓。"马邑即今天的山西朔州，该昭君墓位于朔州市朔城区青钟村。

山西朔州昭君墓

4.河北保定定兴昭君墓。清光绪年间刻《定兴县志》记载："此志乘纪古迹之所由来也。顾代远年湮，传闻异词、附会失实者不少，如青冢在塞外，而本邑有青冢村，遂谓昭君墓在此，此不辨而自明者，然与其过而废也，宁过而存之，以俟怀古者之考证焉。"同卷还记载："青冢，旧志云，昭君墓在塞外，墓草独青，故曰青冢，今县境东南有青冢村，相传是其葬处。"定兴即今河北保定市定兴县，按志中记载，昭君墓在定兴县东南方向。

5.河北保定高碑店昭君墓。《新城县志》记载："青冢，汉明妃墓也，吾乡紫泉有大小青冢之村，不知始于何时。杜诗云：'一去紫台连朔漠，独留青冢向黄昏'，是青冢宜在塞北极边之地及检《山西通志》，今在归化城南十余里，黑河之侧。按归化城汉五原郡，距塞北绝远，岂其时王歆辈实导之而遂克返葬，于是与至吾邑。青冢之名，则固歧而又歧者也。"文中新城即今河北保定高碑店，此地亦有昭君墓、青冢村。

6.河南许昌昭君墓。据明嘉靖年间修《襄城县志》记载："王昭君墓在县西北。"在比《襄城县志》早修十几年的《许州志》也有同样的记载："青冢，在襄西北十五里，旧传为昭君墓。"许州即今河南许昌，襄城在今河南省中部、许昌市西南部。通过两本地方志的记载，可知许昌市襄城县西北也有一座昭君墓。

7.山东菏泽东明县昭君墓。据清乾隆年间修《东明县志》记载："青冢在县北十八里，柿子园迤南，冢上各有青草，故俗传为昭君墓。"民国时期的《东明县新志》卷五也同样提道："青冢，距城十六里，俗传为昭君墓。"

8.山东菏泽单县昭君墓。明嘉靖年间修《山东通志》卷二十二："青冢，在单县南八里，相传为王昭君墓。"

9.陕西神木昭君墓。在今陕西神木，也有关于昭君墓的记载，清康熙时期与雍正时期修的两版《神木县志》都有"青冢，相传为王昭君冢，塞草皆白色，惟此冢独青"的内容。

10.内蒙古呼和浩特市东郊八拜村昭君墓。当地民间传说有昭君墓，也有被称为昭君墓的遗迹，尚未发现历史文献的相关记载。

11.内蒙古呼和浩特市土左旗朱堡昭君墓。当地有关昭君墓的民间传说，也有被称为昭君墓的遗迹，村民经常举办纪念昭君娘娘的活动，但尚未发现相关的文献记载。

内蒙古呼和浩特市东郊八拜村昭君墓

艺术昭君

据《后汉书·南匈奴列传》记载："呼韩邪临辞大会，帝召五女以示之。昭君丰容靓饰，光明汉宫，顾景裴回，竦动左右。"这是历史上对昭君形象的首次正面描写，这段记载意在突出昭君的"落雁"之容。

女性题材绘画在中国有着悠久的历史。在两千多年的历史长河中，无论是王昭君个人，还是她自愿请行出塞的事迹，均受到了历代艺术家们的青睐。昭君题材在艺术领域里成为绘画、雕塑、工艺品等创作的重要母题之一，这些艺术形象为进一步研究、展示和宣传昭君出塞、昭君文化提供了极其珍贵的实物资料。

关于昭君题材美术作品，最早痕迹存在众多古文献史籍之中。小说诗词也记载许多，如晋葛洪《西京杂记》卷二"画工弃市"载"昭君出塞"的缘由，是因杜陵画工毛延寿故意丑画王昭君，皇帝审查其图后，决定让王昭君去匈奴。就追究查明行贿画工的这件事，画工都被在市中斩首。"画工弃市"通过描绘汉元帝王宫中生活的一个侧面，把王昭君因不肯贿赂画工毛延寿，而未能得到皇帝的宠幸，最后远嫁匈奴的故事传记下来。是"昭君出塞"艺术作品的重要历史文献依据。

据《历代吟咏昭君诗词》收录，宋代朱之才《次韵东坡跋周昉所画欠申美人》云："巫峡昭君有奇色，毛生欲画无由得。但作东风背面身，看来已可倾人国……君不见汉宫多病李夫人，转面不顾君王嗔。古来画工画意亦自足，烟雾玉质何由真。"从描写内容看，此诗是对唐代画家周昉所作《欠申美人图》(即"昭君图")的诗意描绘。此"昭君图"早于李伯时两百余年，说明早在唐朝，昭君故事已经成为画家的重要题材。唐代诗文记载有许多美术事例，也有韩干的《昭君上马图》的记载。敦煌昭君变文即是按图讲故事的一种诗文，一定是有描绘昭君出塞作品的，可惜只是我们见不到实物。如宋代朱之才写的《次韵东坡跋周昉所画欠申美人》就有周昉描绘王昭君的绘画作品。

宋代昭君题材的绘画，在《宣和画谱》卷七记载，北宋李公麟《昭君出塞》图，可惜未有图像留存。宋代的诗人韩驹，在他的《题李伯时画昭君图》中，我们可以了解到李伯时曾经画过昭君的图像。诗中提到昭君十七岁时进宫，她的美貌和风姿令人赞叹。然而，尽管她有着绝世的容颜，却未能得到皇帝的宠爱，最终被远嫁到边疆。诗中还提到了班姬和昭仪，她们虽然一度受宠，但最终也被遗弃。韩驹通过这些典故，表达了对昭君命运的哀叹，同时也反映了当时社会对女性的看法和态度。这首诗不仅让我们了解到李伯时的画，线条流畅、形象生动，能够精准地表现出人物的外貌特征和社会地位。

据记载同时代，还有赵伯驹、宫素然、张瑀等画家，都曾创作过以昭君题材的美术作品。金宫素然的《明妃出塞图》则是现存第一个画昭君出塞的作品，其作品展现了昭君的神韵和故事背景。

《明妃出塞》

明仇英《人物故事图册》\ 绢本，设色、纵41.4厘米、横33.8厘米 \ 故宫博物院藏

仇英《明妃出塞图》，描绘的是汉元帝时王昭君与匈奴呼韩邪单于和亲的典故。图中王昭君坐于驼车之中，望向塞外的萧瑟川峦，驼车旁一队匈奴使者骑马渡河。一路上黄沙滚滚、马嘶雁鸣，使她心绪难平，遂于马上弹奏《琵琶怨》。凄婉悦耳的琴声，美艳动人的女子，使南飞的大雁忘记了摆动翅膀，纷纷跌落于平沙之上，落雁便由此成为王昭君的雅称。

墨线版印《随朝窈窕呈倾国之芳容》

金代＼出自山西平阳＼俄罗斯艾尔米塔什博物馆藏

整幅画面以模仿立轴画形式刻制，顶端的两个飘带在宋代被称为"惊燕翎"，是典型的宋式装裱形式。边框装饰有双凤朝阳及蔓草缠枝纹饰。画面主体从右至左依次为西晋的绿珠和汉代的王昭君、赵飞燕、班姬四位历史上真实存在的美人。图中人物背景为盛开的牡丹、嶙峋的太湖奇石、折曲的玉石栏杆。飞燕和绿珠在前排，一位侧身袖手，一位手持花束，后排左边持扇者为东汉史学家班姬，右边手捧诏卷者为王昭君。四人身份不同，但都雍容华贵、光彩照人，相互之间呈呼应之势，人物与背景的山石栏杆形成曲线与直线的对比，更强化了四美的优姿。

《随朝窈窕呈倾国之芳容》俗称"四美图"，金代，平阳姬式刻印，是我国迄今发现最早的木版年画。清宣统元年（公元1909年），俄国科基罗夫在今额济纳旗西夏黑水城遗址发现了"四美图"和《义勇武安王位图》（俗称"关公像"）两幅民间雕版年画并盗走，后藏于俄罗斯圣彼得堡文尔米塔什博物馆。郑振铎《西谛书话》中曾称："此二帧均为金代之物，殆是以版画供观赏之资之创始。"可见这幅"四美图"的历史价值与文献意义。证明了早在金代，山西平阳版画作为反映世俗生活的艺术品，已发展成一门独立的画种，即我们今天说的木版年画。

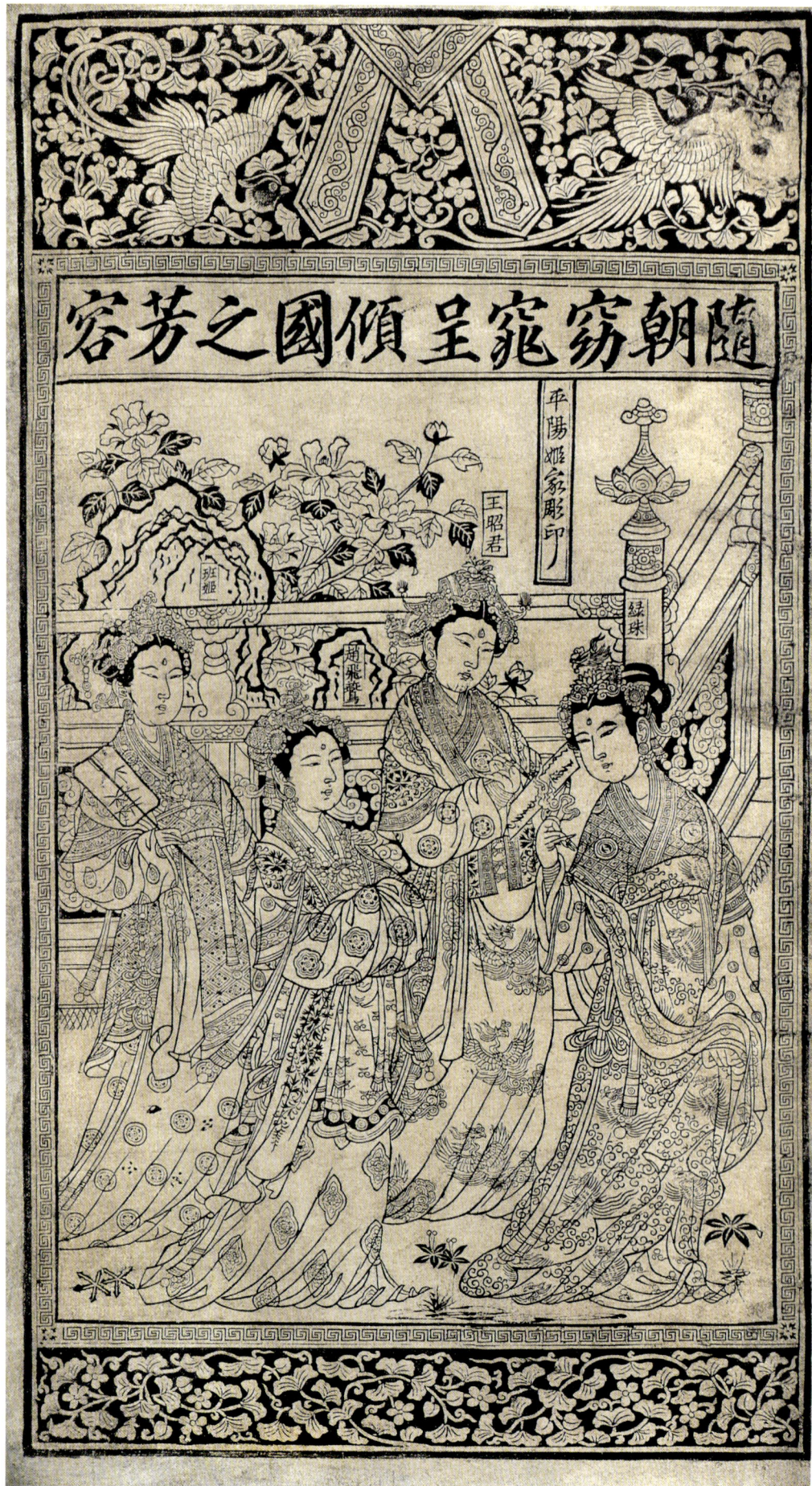

和合共生

　　"汉武雄图载史篇，长城万里遍烽烟。何如一曲琵琶好，鸣镝无声五十年"，昭君出塞承载着中华民族长期追求的"和平和睦和谐"的哲学理念和"尚和合"的精神特质，是中华文明具有突出和平性的生动写照。昭君出塞和亲路，也是一条"和而不同"的民族融合之路。浪漫的荆楚文化、勤劳质朴的中原文化与热烈奔放的草原文化交相辉映，为中华文明的形成奠定了文化基础，成为中华民族共同体的重要组成部分。

《王昭君》

清倪田 \ 纸本，设色、纵118.5厘米、横54厘米 \ 故宫博物院藏

此图画题："一望关河萧索。宣统辛亥新春"。可见作于1911年。王昭君名嫱，汉代美女。汉元帝后宫既多，不能常见，乃使画工图形，案图召幸之。诸宫人皆贿画工，独王嫱不肯，遂不能见。匈奴入朝求美人为阏氏，于是上案图以昭君行。元帝见后，貌为后宫第一，善应对，举止娴雅，帝悔之，而名籍已定。

《昭君出塞图》为历代画家所重视。过去的"百美图"上常见此图。画面上昭君是以公主打扮，裘皮斗篷，立于马前，若有所思，仰望天空。

《昭君出塞图》

金 \ 张瑀 \ 纵 29 厘米，横 129 厘米 \ 日本大阪市立美术馆藏

描绘昭君行旅在大漠大风沙中之情景。特别是把风沙弥漫的北方真实描绘于画中，一支由 12 人组成的行旅正迎风行进。队伍的前端一肩扛圆月旗的胡人武士骑在马上，弓背缩首顶风避雪在前方引路，老马低头缓步艰难行走，后有一小马驹紧随其后。最后的胡人武士右 手架海东青，左手执疆，快马追赶，马旁有一猎犬紧紧跟随。此卷用简练而有变化的笔法，画出长途行旅的气氛，人物神态真切生动。淡设色，显得古朴苍劲。整个画卷在运用线描表 现物象的神态意志和质感方面达到了纯熟的程度。无论是手法、风格都与唐宋汉族政权下的 绘画如出一炉，画面结构开合起伏，有散有聚，每个部分相互呼应，既突出主题，又注意陪 衬。小马驹、海东青、猎犬的出现丰富了画面，使画面更具声色。

《昭君出塞》

明 \ 纸本 尤求 (1554 年) \ 纵 25.8 厘米、横 376.9 厘米 \ 上海博物馆藏

此图采用连环画式的构图结构，描绘昭君出塞行进过程，匈奴单于呼韩邪列阵迎接的场景，从右边山峦起伏，丛林叠岭。两队人马一路主要人马，王昭君身披长袍，骑在马上，右手半掩脸庞，左手怀抱琵琶，隐于人群之中，浩浩荡荡。另一支人马在左面，主角单于器宇轩昂，仪仗威武轩昂。后有帐幕群四座，华丽。整幅作品布置在山峦丘陵之间，以人物为主，疏密有致，人物刻画精细入微，特别是服饰衣纹、貂毛胡裘的细节，刻画细致、逼真。嘉靖三十三年（公元1554）作《昭君出塞图》卷藏上海博物馆。《昭君出塞图》卷，题款"嘉靖甲寅夏日凰丘尤求制"。印章"凰丘牛""尤氏子求"。该画在 1992 年出版的中国美术全集明代卷中 151 录入，上海人民美术出版社出版。于 2001 年 3 月 24 日—2001 年 10 月 6 日，在香港美术博物馆举办的"华容世貌—上海博物馆藏明清人物画"中展出。尤求，字子求，明代画家。号凰丘，长洲(今江苏苏州)人。工山水人物画，亦善道释画，画学刘松年、钱舜举，尤其擅长人物仕女、白描，亦善道释画。尝画太仓小西门关帝庙壁，又为弇山藏经阁壁画诸佛像。曾临摹北宋《睢阳五老图》，为朱氏后裔保存。白描仕女，艳冶绝世，可称仇英之后劲。

结束语

中华优秀传统文化是中华民族的精神命脉，是建设中华民族现代文明的源泉。两千年来，"昭君出塞"形成的源远流长的昭君文化，传承着中华民族悠久的历史文化和思想观念，承载着各民族交往交流交融的历史记忆。昭君出塞，是各民族共享的中华文化符号，更是铸牢中华民族共同体意识教育的历史典范。

昭君出塞体现了中华文明所具有的包容性与和平性。昭君出塞和亲路不仅是中华各民族的文化交流之路，也是中华大地上各区域之间的经济贸易之路，更是"和合"理念之下民族融合的和谐之路。

昭君出塞所蕴含的家国情怀，就是伟大爱国主义精神的真实写照。昭君文化深深地根植于中华优秀传统文化土壤，是中华民族世代传承 和追求"和平和睦和谐"理念的生动诠释。讲好"昭君出塞"佳话，对牢固树立休戚与共、荣辱与共、生死与共、命运与共的共同体理念，为建设中华民族共有精神家园提供历史借鉴和智慧启迪。

交融之美

Glittering Charm of
Exchanges and
Integration of Ethnic Groups

精品文物专题展
昭君出塞和亲之路沿线

九原郡

单于龙城

展览掠影

叶家山墓地

叶家山墓地位于随州市淅河镇蒋寨村八组，2011年、2013年，考古工作者对墓地进行了[发掘]，其中M65[发掘]，出土青铜器、陶器、漆器及象牙器等器物7000件(套)，青铜器具有西周[早期特点]，出土青铜器、玉器、原始青瓷器、漆器及象牙器等器物7000件(套)，青铜器具有西周[风格]，[器]上多有"曾侯谏""曾侯""曾侯抗"自铭，表明器主人身份是三位曾侯。[表明曾国]创造文化在其发展过程中与周边文化进行着多方位的交流交融。

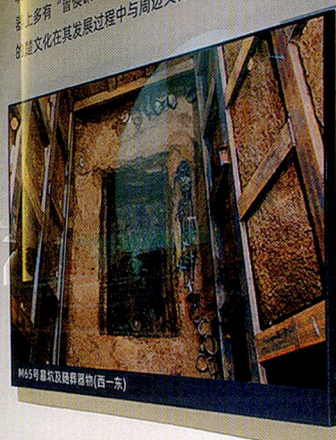

M65号墓位于叶家山墓地[，出土铜]器、陶器、玉器、漆木器和原[始青瓷]器数量最多。随葬有象征王权[的铜钺]等礼仪兵器及兽首形铜面具。

M65号墓坑及随葬器物(西一东)

参考资料

文献史料

［1］司马迁. 史记［M］.北京：中华书局，2009.

［2］班固. 汉书［M］.北京：中华书局，1983.

［3］范晔. 后汉书［M］.北京：中华书局，1982.

［4］杜佑. 通典［M］.北京：中华书局，1984.

［5］司马光. 资治通鉴［M］.北京：中华书局，1973.

［6］乐史撰. 太平寰宇记：卷三十八·关西道（十四）［M］.北京：中华书局，2007年点校本.

［7］全唐诗：卷一百四十一·王昌龄（二）［M］.北京：中华书局，1960年点校本.

［8］归绥县志·舆地志//中国方志丛书：塞北地方第10号［M］.台北：成文出版社，1969年影印本.

［9］张相文. 塞北纪行//南园丛稿：民国丛书第五编第98册［M］.上海：上海书店，1989.

［10］绥远省通志馆编.绥远通志稿［M］.呼和浩特：内蒙古人民出版社，2007.

［11］忒莫勒、乌云格日勒，等.奉使俄罗斯日记［M］.哈尔滨：黑龙江教育出版社，2014.

［12］С．И．鲁金科. 匈奴文化与诺彦乌拉巨冢［M］. 孙危，译. 马健，校注. 北京:中华书局，2012.

［13］马健. 匈奴葬仪的考古学探索———兼论欧亚草原东部文化交流［M］. 兰州:兰州大学出版社，2011.

［14］武高明，包苏那嘎. 昭君博物院［M］.呼和浩特：内蒙古大学出版，2021.

［15］杨建华，邵会秋，潘玲. 欧亚草原东部的金属之路:丝绸之路与匈奴联盟的孕育过程［M］. 上海：上海古籍出版社，2017.

［16］孙机. 中国古舆服论丛［M］.北京：文物出版社,1993.

［17］崔明德. 中国古代和亲通史[M].北京：人民出版社,2007.

［18］马冀. 王昭君及昭君文化[M].桂林：广西师范大学出版社,2021.

［19］武高明. 包苏那嘎.昭君文化研究与传播大事记[M].呼和浩特：内蒙古大学出版社,2022.

［20］王绍东. 昭君史料汇编[M].呼和浩特：内蒙古大学出版社,2022.

［21］王前程. 历代昭君文化资料整理与研究[M].武汉：湖北人民出版社,2023.

［22］林幹. 昭君与昭君墓[M].呼和浩特：内蒙古人民出版社,1979.

［23］本书编写组. 中华民族共同体概论[M].北京：高等教育出版社：民族出版社，2023.

［24］魏坚. 内蒙古中南部汉代墓葬[M].北京：中国大百科全书出版社，1998.

［25］汉景帝阳陵博物院. 治世之光：西汉帝陵考古成果暨致敬考古百年展[M].北京：文物出版社，2024.

［26］魏坚. 内蒙古文物考古文集（第二辑）[M].北京：中国大百科全书出版社，1997.

［27］湖北省博物馆. 湖北出土文物精粹[M].北京：文物出版社，2006.

［28］李逸友. 内蒙古文物考古文集(第一辑)[M].北京：中国大百科全书出版社，1994.

［29］申云艳. 中国古代瓦当研究[M].北京：文物出版社，2006.

［30］山西省考古研究院编. 考古圣地华章陕西——陕西考古博物馆基本陈列[M].西安：三秦出版社，2023.

［31］向德. 西安博物院[M].西安：世界图书出版西安公司,2007.

［32］王子今. 秦始皇直道考察与研究[M].西安：陕西师范大学出版社,2018.

［33］陈永志，吉平，等. 呼和浩特文化遗产[M].北京：文物出版社，2014.

［34］宜昌博物馆. 宜昌博物馆馆藏文物图录（铜器卷）[M].北京：文物出版社，2019.

学术论文

［1］湖北省文物考古研究所等. 湖北随州叶家山M65发掘简报［J］.江汉考古,2011(3).

［2］李学勤. 西周时期的诸侯国青铜器［J］.中国社会科学院研究生院学报,1985(6).

［3］翦伯赞. 关于处理中国史上的民族关系问题［J］.中央民族大学学报：哲学社会科学版，1979（1）.

［4］田广金，郭素新. 内蒙古阿鲁柴登发现的匈奴遗物［J］.考古，1980（4）.

［5］翦伯赞. 王昭君家世、年谱及有关书信［J］.北京大学学报：哲学社会科学版，1982（6）.

［6］内蒙古文物考古研究所. 凉城崞县窑子墓地［J］.考古学报，1989（1）.

［7］李学勤. 西周时期的诸侯国青铜器［J］.中国社会科学院研究生院学报,1985(6).

［8］山西省考古研究院，中国社会科学院考古研究所等.西安市汉长城北渭水桥遗址［J］.考古，2014（7）.

［9］伊克昭盟文物工作站. 伊金霍洛旗石灰沟发现的鄂尔多斯式文物［J］.内蒙古文物考古，1992（1）.

［10］李毓芳. 汉长城未央宫的考古发掘与研究［J］.文博，1995（3）.

［11］梁云、许稼枢、李伟.为诺音乌拉31号墓人物绣像考论［J］.西北大学学报哲学社会科学版），2022-7月，第（52）4，

［12］周立刚. 匈奴贵族墓葬出土动物纹马饰研究［J］.草原文物,2023(1).

［13］杨军. 徐长青. 南昌市西汉海昏侯墓［J］.考古，2016(7).

［14］翦伯赞. 从西汉的和亲政策说到昭君出塞[N].光明日报，1961-02-05.

［15］翦伯赞. 内蒙访古[N].人民日报,1961-12-13.

［16］吉林大学考古学院,内蒙古自治区文物考古研究所,蒙古国游牧文化研究国际学院,内蒙古博物院. 蒙古国后杭爱省乌贵诺尔苏木和日门塔拉城址发掘简报［J］.考古,2020(5).

［17］魏坚. 秦汉九原——五原郡治的考古学观察［J］.中国历史地理论丛,2012(4).

［18］李学勤等. 湖北随州叶家山西周墓地笔谈［J］.文物,2011(11).

［19］郁永彬，常怀颖等. 叶家山西周墓地出土成组铜礼器的相关问题研究［J］.考古，2024（7）.

［20］萨仁毕力格，程鹏飞，宋国栋等. 蒙古国后杭爱省乌贵诺尔苏木和日门塔拉城址发掘简报［J］.考古，2020(05).

［21］萨仁毕力格. 漠北匈奴城址的考古学研究.吉林大学博士论文，2023.

［22］包苏那嘎. 交往交流交融视域下昭君出塞及王昭君墓葬的若干问题辨析［J］.赤峰学院学报(汉文哲学社会科学版)，2023(10).

［23］王绍东，汤国娜. 历代文献记载中的昭君墓及相关问题［J］.烟台大学学报(哲学社会科学版)，2020(05).

［24］潘玲. 萨仁毕力格.匈奴大型墓葬概述［J］.草原文物，2015(02).

［25］王绍东. 再论秦直道是昭君出塞的最可能路线［J］.南开学报(哲学社会科学版)，2020(04).

［26］王子今. 关于王昭君北行路线的推定［J］.西北大学学报(哲学社会科学版)，2014(03).

后　记

　　2024年5月，呼和浩特博物院（昭君博物院）成功晋升国家一级博物馆。随后，在自治区文物局、呼和浩特市文化旅游广电局的支持下，呼和浩特博物院组织专业策展团队同昭君出塞和亲之路沿线相关城市博物馆进行沟通联系，沿线5省（区）14家博物馆积极响应，同意联合举办"交融之美——昭君出塞和亲之路沿线精品文物专题展"。同年8月，中国第十届博博会在呼和浩特举办之际，展览如期在昭君博物院展出，吸引了大批观众前来参观，取得了良好的社会效果。展出期间，策展团队及时搜集资料，精心整理、总结、提升，汇编成书。在展览筹备、布展和汇编成书过程中，得到了14家博物馆负责人和相关专业人员的鼎力相助；内蒙古自治区文物局、呼和浩特市委宣传部、呼和浩特市文化旅游

广电局给予了指导和关心；中国社会科学院边疆研究所博士生导师、二级研究员李大龙，烟台大学原党委书记、山东省政协文史委员会副主任、二级研究员崔明德，内蒙古博物院原院长、内蒙古师范大学北疆文化遗产中心主任、二级研究员陈永志、内蒙古大学历史旅游学院博士生导师、二级教授王绍东分别提出宝贵意见。内蒙古自治区文化和旅游厅党组成员、文物局局长曹建恩欣然应允为本书作序，在此一并表示诚挚的感谢。

由于策展时间紧，内容在不断完善，而编辑仓促，书中存在差错在所难免，谨请业内人士指正。

中国民族学学会昭君文化研究分会副会长　　武高明
呼和浩特博物院原院长、二级研究馆员